Les métaphores juridiques créatrices de réalités

Questions contemporaines

Collection dirigée par Jean-Paul Chagnollaud, Bruno Péquignot et Denis Rolland

Chômage, exclusion, globalisation… Jamais les « questions contemporaines » n'ont été aussi nombreuses et aussi complexes à appréhender. Le pari de la collection « Questions contemporaines » est d'offrir un espace de réflexion et de débat à tous ceux, chercheurs, militants ou praticiens, qui osent penser autrement, exprimer des idées neuves et ouvrir de nouvelles pistes à la réflexion collective.

Dernières parutions

Nicole Péruisset-Fache, *La Loi et le Sacré*, 2023.
Gilles AMIEL DE MÉNARD, *La démocratie sans l'État ? Histoire d'une impasse*, 2023.
Amine ISSA, *La violence religieuse, Textes et interprétations*, 2023.
Amine ISSA, *La violence politique, Sources idéologiques, philosophiques et économiques*, 2023.
Amine ISSA, *La violence n'est pas une fatalité*, 2023.
Jacques ARON, *Si tu veux la paix prépare la paix. Suivi du manifeste pacifiste du général Paul von Schoenaich, De la guerre précédente à la suivante (1924)*, 2023.
Sana RICHA CHOUÇAIR, *L'argumentation dans le courrier des lecteurs libanais. Le cas de la presse francophone*, 2023.
Romain MAILLOT, *L'aventure intellectuelle de la ville d'Évry. Peut-on planifier le devenir d'une ville ?*, 2023.
Marc LEVY, *Faut-il aider les autres ? Repenser la solidarité pour la renouveler*, 2023.
Eric SEJOR, *Anatomie du marché de l'art. Mieux comprendre pour investir*, 2023.
Lydie BADER, *Pourquoi l'humanité fait-elle la guerre ?*, 2023.
Rodolphe SOLBIAC, *Le procès en réparation de l'esclavagisation des Africain.e.s. Les plaidoiries des avocats du M.I.R.*, 2023.
Jacques ARNOULD, *L'espace n'est pas un dépotoir !, 2023.*
Jean-Denis DUPUY, *L'humanité au risque de son autoconstruction*, 2023

Diana Dănișor

Les métaphores juridiques créatrices de réalités

Depuis l'État et le droit à l'État de droit

L'Harmattan

5-7, rue de l'École-Polytechnique – 75005 Paris
www.editions-harmattan.fr
ISBN : 978-2-14-049420-8
EAN : 9782140494208

1 INTRODUCTION*

La métaphore est à la mode. Linguistes, critiques littéraires, psychologues, anthropologues, sociologues, philosophes, juristes, logiciens et épistémologues se sont tour à tour occupés d'elle. Articles, travaux, colloques et recueils se multiplient, dans un engouement devenant presqu'universel.[1] Cet enthousiasme peut s'expliquer par la révolte contre les positivistes et les structuralistes en linguistique et les sciences humaines, en tant que moyen de libération des segmentations, des commutations, des règles et des combinaisons, le problème central des sciences humaines étant aujourd'hui celui des significations qui apparaissent dans toutes les recherches, annonçant peut-être une nouvelle méthode, le début d'un nouveau paradigme.

Mais qu'est-ce que la métaphore? La réponse à cette question n'en est pas, sans doute, simple. Des penseurs de tous les temps se sont penchés sur la définition de la métaphore. Sa forme canonique, presque la seule ayant été étudiée par les linguistes et rhétoriciens est la suivante: « Cet homme est un lion » où le lion est le terme métaphorique, figuré, le pivot de la métaphore, qui est mis à la place d'un terme propre. Le rapport entre le terme propre et le terme figuré sous-jacent constitue la raison d'être ou le fondement de la métaphore.

La métaphore est liée à deux modalités de perception : en tant qu'image ou comme figure elle donne à voir ou à imaginer (faisant ainsi appel à la « vision »), tandis qu'en tant que trope, elle représente la direction, la transformation, l'altération, la tournure, la manière d'être

* Une partie de ce texte est publiée en roumain sous forme d'articles.

[1] Shibles W.A., *Metaphor: an annotated bibliography and history*, The Language Press, Whitewater, Wisconsin, 1971.

tourné vers.[1] Elle serait donc une manière de voir et de tourner les choses, tenant plutôt à la vision et à l'orientation qu'à une chose ou à un état de fait. Il s'agit de l'opacité référentielle de la métaphore qui n'est plus liée aux propriétés de l'objet, mais aux actes de conscience du sujet, sa cible étant plutôt noétique que noématique, reliant un trait qualitatif à une manière de voir, un attribut à un acte noétique. L'expérience métaphorique, comme acte d'imagination, fait qu'un concept devienne réel à travers l'intuition, la métaphorisation et la créativité étant, dans l'ordre du discours, le mode d'expression privilégié de l'imagination créatrice, « condition de possibilité du monde en tant que monde qui apparaît »[2]. Kant disait que « l'imagination se trouve déjà à la base de la perception des objets », mais la métaphorisation la dépasse, car à partir d'un nombre limité de formes littérales, on peut produire, théoriquement, un nombre illimité d'énoncés métaphoriques, chacun avec son propre sens nouveau et singulier.

Dans le cas de la création des métaphores, il s'agit de l'intuition intellectuelle[3], « comme surprise immédiate, qui survient en nous à la suite de la diminution de la connaissance discursive ». L'inconscient de pensée, manifesté dans l'acte de métaphorisation, est un donné, et non pas la création d'une quelconque individualité humaine. La sagesse est intuition intellectuelle, le processus de métaphorisation en arrivant à unifier « le réel à

---

[1] Ouellet P., « La métaphore perceptive. Eidétique et figurativité », in Langages, 34e année, n°137, 2000, *Sémiotique du discours et tensions rhétoriques*, p. 16.

[2] Barbaras R., « Métaphore et ontologie », in *Le tournant de l'expérience, recherches sur la philosophie de Merleau-Ponty*, Paris, Vrin, 1998, p. 276.

[3] Voir, sur l'intuition intellectuelle, Dănișor Gh., *Solitude-isolement du monde. Une philosophie sur l'histoire échouée de l'humanité*, éd. L'Harmattan, Paris, 2023.

l'intellect, ce dernier, en tant qu'intuitif, en devenant *tout ce qui est* ». Mais l'intuition intellectuelle est instantanée, ne se produit pas dans le temps. Dans le cas de la métaphore on se confronte à un paradoxe : elle est donnée par l'intuition intellectuelle, or, « par intuition on sait, mais on ne connaît pas, par raison on connaît, mais on ne sait pas ». La métaphore parvient à unifier les deux modalités, faisant de telle manière qu'on sait ce qu'on connaît et qu'on connaît ce qu'on sait, car en elle être et penser c'est une et même chose. Par la métaphore l'homme découvre sa divinité, ayant accès immédiatement « à la pensée pensant la pensée ». Ce qu'on cherche à obtenir par la démonstration, la métaphore, comme intuition intellectuelle, saisit immédiatement, car dans son cas la surprise est survenance et inversement. Et ce n'est possible qu'en dépassant le rationnel et en mettant l'accent sur l'intuitif-noétique, l'intuition étant « responsable de la créativité ». Les métaphores apparaissent spontanément, comme révélations à la base de toute justification rationnelle. « La spontanéité est intuition sensible-noétique, c'est la liberté comme pouvoir de l'oubli de soi et, ainsi, pouvoir de regarder vers quelque chose au-delà des frontières de l'ego, comme oubli de soi. »[1]

La métaphore, énigmatique, nomme un changement de place (*phora*) et va bien au-delà, participant simultanément à l'imagination créatrice et aux contours du réel. Par la métaphore, le sujet s'extériorise sans supprimer l'opacité des choses et sans se renfermer en soi. Bien que l'essence des choses lui échappe, le langage unit l'homme au monde, la beauté de la métaphore, jamais descriptive, puisant sa sève dans les images évanescentes et créatrices du monde, préférant l'émotion et la sensation intime. L'énergie de la métaphore, rapprochant le visible de l'invisible, donnant à voir, crée chaque fois une nouvelle dimension. Le devoir

---

[1] Idem, p. 189.

libre de toute contrainte de l'homme est celui de l'authenticité qui, « en refusant les clichés, les métaphores mortes, banales, usée ou forcées, inconstantes, fortuites »[1], survole la voie du réel qui lui se présente éternelle. La métaphysique jaillit souterrainement dans le cas de la métaphore créatrice qui unit « une ontologie du dynamisme de la réalité à un idéalisme de la pertinence des sources de la pensée. Elle personnifie ce qui saisit du monde *et* universalise l'homme créateur. »[2]

Comme toutes les cultures ont des mythes, les hommes ne pouvant vivre sans eux, ils ne peuvent non plus vivres sans métaphores, « certains d'entre nous ayant même tendance à conduire leur vie selon un mythe ou un autre »[3], comme d'ailleurs les métaphores peuvent guider une action future, étant des prophéties qui font naître leur propre accomplissement.[4] Dans les sciences humaines en général, les métaphores peuvent créer des réalités, spécialement des réalités sociales.

Les métaphores fantasmatiques ne sauraient rien dire sur le réel, car elles « ne donnent pas une forme au monde, mais aux idées humaines, et surtout à l'une d'entre elles, l'idée de soi »[5]. On pourrait dire de ces métaphores qu'elles ont une clarté éblouissante, qu'elles sont un mirage qui donne à voir quelque chose là où il n'est rien, fausse évidence du

---

[1] Perrin C.S., *Les métaphores comme sources de vérités*, Eclipse, 2014. http://www.eris-perrin.net/article-les-metaphores-comme-sources-de-verites-106452703.html
consulté le 16.09.2018.

[2]Idem.

[3] Lakoff G., Johnson M., *Les métaphores dans la vie quotidienne*, Éditions de Minuit, Paris, 1980.

[4] Idem.

[5] Demonet M.-L., « La logique de la métaphore (Essais, III,1) », in Lestringant F. (éd.), *Rhétorique de Montaigne*, Champion, Paris, 1985.

bon sens qui sotte aux yeux et ainsi fait le réel devenir aveugle.

Les métaphores cognitives sont des éclairs d'intelligence dans la nuit, en attendant des clarifications par la théorisation et la formalisation.[1] Ne pouvant pas nous prononcer sur la nature finie ou infinie du réel, on peut affirmer, avec Milner, que « L'infini qualitatif de l'univers tient au fait qu'on ne peut lire en lui ni la plus infime finitude… La conscience s'est posée comme exception dans l'univers : le privilège de la conscience de soi a pour corollaire l'objectivation de l'univers, comme ce quelque chose dont la conscience se distingue. Freud, avec son inconscient, dénonce ce prétendu privilège. L'inconscient serait l'inexistence de l'exception narcissiste. L'« existence » de l'inconscient dit non à la conscience de soi comme privilège… L'homme n'est pas dans l'univers ce qui y introduisait une finitude. Il doit être pensé dans l'infini de la contingence… Ce que l'homme ne supporte pas, c'est l'univers. »[2] L'idéalisme, selon Wittgenstein, « sépare du monde, comme unique réalité, l'être humain ; le solipsisme me met à part moi seul ; et finalement je vois que j'appartiens aussi au reste du monde »[3]. Les métaphores cognitives ne sont pas la lanterne qui éclaire le réel obscur, mais les lentilles enfumées à travers lesquelles on regarde le soleil pendant une éclipse, qui laissent la lumière du réel filtrer par elles, l'atténuant et la rendant supportable à la « vue », nous permettant d'accéder à

---

[1] Groupe μ., *Rhétorique générale*, Seuil, Paris, 1982 ; Molino J., « Métaphores, modèles et analogies dans les sciences », in Langages, n° 54, Larousse, Paris, 1979.

[2] Milner J.-C., « Lacan et la science moderne », in Actes du Colloque international Lacan avec les philosophes, organisé par le Collège International de Philosophie, UNESCO, Paris, 24-27 Mai 1990. Albin Michel, Paris, 1990.

[3] Granger G.-G., *Invitation à la lecture de Wittgenstein*, Alinéa, Paris, 1990.

l'incomplétude, mais laissant subsister la foi en la complétude. « C'est par la métaphore que les mystiques expriment l'inexprimable, qu'ils traduisent en langage ce qui dépasse le langage … Les métaphores du langage religieux présentent cependant un caractère particulier. Dans les métaphores du langage courant, … l'image est choisie parmi les représentations qui comportent à un degré éminent ou particulièrement remarquable l'attribut que l'on désire mettre en valeur … Cette métaphore est donc hyperbolique, comme le sont la plupart des métaphores habituelles. »[1] Nous disons du réel tout ce que les mystiques disaient de Dieu, mais en le transformant radicalement, car il lui manque toute essence ou substance.

Les métaphores visibles ou configurées confèrent de la transparence au social, par le jeu manifeste et secret à travers des modes de visibilité rationnels. Mais il faut encore que là l'imagination nous touche, nous pénètre, par ses effets quasi-phénoménologiques. La métaphore est initiation dans la présence du perceptible comme excès constitutif du visible sur lui-même.[2]

En dissociant un élément de son contexte, l'opération de métaphorisation l'associe à un contexte qui lui est totalement étranger, évoquant ainsi une nouvelle réalité, ouvrant le sujet à de nouvelles possibilités de communication, la métaphore n'étant plus qu'une possibilité de connaître un monde alternatif et d'induire de nouvelles valeurs culturelles. La fonction primordiale de la métaphore est double dans ce sens : communiquer une nouvelle vision sur les objets et toucher l'inconnu à travers le connu, postulant ainsi la disponibilité du récepteur à la nouveauté.[3]

---

[1] Le Guern M., *Sémantique de la métaphore et de la métonymie*, Larousse, Paris, 1972.

[2] Barbaras R., *Le tournant de l'expérience. Recherches sur la philosophie de Merleau-Ponty*, Paris, Vrin, 1998.

[3] Licitra A., « Métaphore et analogie. Cadre méthodologie et application au discours pédagogique en linguistique », in *Langage et*

1.1 L'HISTORIQUE DE LA MÉTAPHORE

Longtemps étudiée comme procédé d'ornementation du discours, tenant donc à la stylistique des œuvres littéraires, son analyse concerne aujourd'hui l'ensemble des sciences humaines[1]. Mais, au-delà de la perspective décorative des stylisticiens, les réseaux métaphoriques peuvent être analysés comme procédé universel de catégorisation du réel, par diverses approches : la sémiotique cognitive (J.-M. Klinkenberg[2]) l'approche logico-grammaticale (M. Prandi[3], I. Tamba[4]), la pragmatique « modérée » (G. Kleiber[5]), l'approche stylistique (G. Molinié[6]), l'approche philosophique (N. Charbonnel[7], M. Deguy[8], P. Tort[9]).

---

société, supplément au n° 5, 1978, *Rencontre annuelle. Documents préparatoires*, pp. 28-29.

[1] En témoignent les nombreuses lectures lui consacrées. G. Kleiber signale que la bibliographie de van Noppen et Hols (1990) comprend plus de 3 500 références pour la période 1985-1990.

[2] Klinkenberg J.-M., *Précis de sémiotique générale*, Seuil, Paris, 2000 [1996, De Boeck, Bruxelles].

[3] Prandi M., *Grammaire philosophique des tropes*, Les Editions de Minuit, Paris, 1993.

[4] Irène Tamba (1977) et Joëlle Tamine par exemple dans Langages no 54, 1979.

[5] Kleiber G., « Une métaphore qui ronronne n'est pas toujours un chat heureux », in Charbonnel N. & Kleiber G., *La métaphore entre philosophie et rhétorique*, PUF, Paris, 1999, pp. 83-135.

[6] Molinié G., *Éléments de stylistique française,* Paris, Presses Universitaires de France, Linguistique nouvelle, 1986.

[7] Charbonnel N. et Kleiber G. (éd.), *La métaphore entre philosophie et rhétorique*, PUF, Paris, 1999; Charbonnel N., *La tâche aveugle*, Presses Universitaires de Strasbourg, Strasbourg, 1991,1993.

[8] Deguy M., « Et tout ce qui lui ressemble », in Charbonnel N. et Kleiber G., *La métaphore entre philosophie et rhétorique*, PUF, Paris, 1999, pp. 17-31.

[9] Tort P., « D'une interférence native : métaphore et métonymie dans la genèse de l'acte classificatoire », in Charbonnel N. et Kleiber G., *La métaphore entre philosophie et rhétorique*, PUF, Paris, 1999, pp. 62-80.

On va présenter par la suite quelques jalons de l'hypothétique histoire de la métaphore, sans cesse modifiée, transformée, déformée, car il n'y a pas une seule métaphore, unique et indivisible, qui s'offre éternellement à la recherche, étant donné qu'elle est née de la rencontre entre les pratiques effectives et les cadres *a priori* empruntés à la tradition littéraire et aux systèmes philosophiques, vu qu'on faisait de la métaphore avant qu'elle soit théorisée.

Dans l'Antiquité, on peut remarquer les positions logiques d'Aristote, les recherches historiques et philosophiques des stoïques, l'exégèse hellénistique et la rhétorique ornementale des latins. Dans l'Antiquité grecque la métaphore était définie dans le cadre étroit et précis des possibilités lexicales propres à l'éloquence. Apparaissant pour la première fois chez Isocrate, dans *Evagoras* (383 av.Ch.), lorsqu'il énumère les types de mots dont dispose l'orateur pour créer son discours (mots « ornés », mots « étrangers », mots « créés » et « déplacés », « transposés » ou « translatés » - les métaphores), la *métaphore* étant reprise dans cette perspective par Aristote qui, dans sa *Poétique*, lui assigne un sort particulier, en la rapportant aux grandes catégories qui organisent l'ensemble de son travail – l'espèce et le genre et l'analogie. Aristote distingue ainsi quatre types de métaphores : « La métaphore est le transport à une chose d'un nom qui en désigne une autre, transport du genre à l'espèce, ou de l'espèce au genre, soit de l'espèce à l'espèce, ou d'après le rapport d'analogie. »[1] Dans sa *Rhétorique*, il insiste sur la fonction de ces transports de noms qui permettent la valorisation[2], dans une philosophie de la connaissance et des opérations de l'esprit ou dans l'art métaphorique ou poétique et la critique littéraire. Les

---

[1] Aristote, *La Poétique*, 21, 1457b 6-8, texte établi et traduit par J. Hardy, Les Belles Lettres, Paris, (1932) 2002.

[2] Aristote, *Rhétorique*, III, Y.

Stoïques, sans reprendre le terme de métaphore, affirment la notion du passage d'une idée à une autre, vision capitale pour la compréhension du phénomène métaphorique. Dioclès de Magnésie considère que « Parmi les objets de la pensée, certains sont conçus par rencontre, d'autres par analogie, d'autres par transfert et par composition, et, enfin, par contrariété. Par rencontre, les choses sensibles ; par similitude celles qui viennent d'un objet proche d'elles, comme Socrate d'après son portrait ; par analogie, soit en augmentant l'objet, tels le Titan ou le Cyclope, soit en le diminuant, tel le Pygmée ; le centre de la Terre est ainsi conçu par analogie avec des sphères plus petites ; par transfert, comme les yeux sur la poitrine ; par composition, comme l'Hippocentaure ; par contrariété comme la mort. »[1] Ce ne sont pas que les poètes et les orateurs qui disposent de ces détours pour varier l'expression, mais elles sont également utilisées de manière anonyme et collective pour nommer à l'aide des mots existants dans la langue de nouvelles réalités, les Stoïques en constatant la « pénurie de noms propres » et la nécessité de détourner le sens[2]. À la différence de la classification d'Aristote, seulement les métaphores de 1er et 2ème type conservent le nom de métaphore, les deux autres étant traités comme synecdoques. La métaphore est conçue comme ayant une fonction purement ornementale, avec tous les éléments d'une théorie de la déviation. Cette conception triompha à Rome, ni Cicéron ni Quintilien n'oubliant complètement les problèmes posés par la « pénurie de noms propres » : « Au début on a imaginé les vêtements pour se protéger du froid, ensuite, on les a utilisés pour donner au corps une parure pleine de noblesse ; de même la métaphore (verbi

[1] *Les stoïciens*, trad. E. Brehier, Bibliothèque de la Pléiade, Gallimard, Paris, 1962, pp. 33-34.
[2] Barwick K., *Probleme der stoischen Sprachlehre und Rhetorik*, Akademie Verlag, Berlin, 1957, pp. 92-98.

translatio), fille de la pauvreté (inopia), se développa pour le plaisir (delectatio). »[1] Les métaphores ont pour cause vive le plaisir, en tant que couronnement de la noblesse, de l'éclat, de l'ornement, éclairant telles les étoiles le style sublime[2]. Quintilien reprend et parachève les travaux de classification de ses prédécesseurs, et ceux qui lui ont succédé (Donat, IVe siècle, Isidore de Seville, VIIe siècle, Alexandre de Villedie, XIIe siècle) les reprennent de lui presqu'inchangées, jusqu'au XVIIIe siècle, la rhétorique latine voyant dans la métaphore, à la différence d'Aristote, une comparaison condensée (similitudo brevior), incomparablement le plus beau trope de tous : « Rien n'embellit le style comme de joindre ensemble l'allégorie, la comparaison et la métaphore. »[3]

Le Moyen Âge, se penchant sur de nouveaux textes, notamment ceux de la chrétienté qui portent sur l'interprétation lexicale similaire aux travaux des grammairiens antiques, introduisit dans la théorie de la métaphore d'éléments complètement nouveaux (Isidore, VIe siècle, Bède, VIIIe siècle). Essentielle pour cette période ce n'est plus la fonction ornementale de la métaphore, mais celle d'argumentation, pour faire comprendre, pour expliquer ce qui est moins connu par quelque chose mieux connu[4]. Au cœur de la problématique ne se trouve plus la monosémie, comme chez Quintilien, mais la polysémie, en distinguant trois fonctions principales du texte : énigmatique, métaphorique et allégorique. La théorie médiévale des quatre sens – littéral, moral, allégorique et anagogique – permit l'interprétation de tout

---

[1] Cicero, *De Oratore*, III, 37.

[2] C'est la thèse centrale de la rhétorique ornementale formulée par Cicero.

[3] Cicero, Institution oratoire, VIII, 6.

[4] Isidore de Seville, *Etymologies*, I, 21 : « est minus notae rei per similitudinem ejus, quae magis nota est, demonstratio ».

passage de l'Écriture et de tout phénomène non seulement selon la lettre de la loi, mais aussi par une lecture historique et critique, comme leçon édificatrice, parachèvement des prophéties et annonciation de la vie éternelle. Le rôle de la métaphore est considéré dans une tout autre vision, car « l'idéal de l'orateur sacré doit être celui d'un style simple et direct, comme la parole qu'il annonce »[1]. De la perspective du lecteur fervent, celui qui reçoit les métaphores, il faut comprendre la nouvelle fonction attribuée à la métaphore, celle de cultiver la distance qui doit séparer les hommes de la Vérité Divine, en ne donnant qu'à ceux qui méritent une voie d'accès vers cette Vérité, la métaphore ayant une valeur propédeutique de détour, de contournement, par la crainte qu'inspire le pouvoir maléfique et sacré du « vrai nom » : « Ce qui est à comprendre est revêtu d'habits figurés, pour exercer l'intelligence du lecteur et pour ne pas perdre, dans un dévoilement public, sa valeur. »[2]

Mais la conception mystique de la métaphore ne survécut au Moyen Âge, en lui s'opposant les recherches formelles de grands rhétoriciens[3] et la prolifération de nouveaux genres poétiques, vers le XVe siècle, suivie par la Pléiade, qui marque une rupture de cette période, les XVIIe et XVIIIe siècles réduisant la métaphore à ses dimensions antiques ornementales. Les perspectives néo-classique et néo-ornementale (Marmontel, Beauzée, Fontanier) considèrent la métaphorisation un phénomène strictement lexical, cantonné dans le cadre étroit de la parole, la métaphore étant décrite comme substitution d'un

[1] Fontaine J., *Isidore de Seville et la culture classique dans l'Espagne wisigothique*, Études Augustiennes, Paris, 1959, p. 291.

[2] Isidore de Seville, *Etymologies*, I, 21 : « quae intelle genda sunt figuratis amictis obteguntur, ut sensus legends exerceant et ne nuda et in promptu vilescant ».

[3] Zumthor P., *Le masque et la lumière*, Seuil, Paris, 1978.

terme figuré à un terme propre avec lequel il entretient certains rapports, les tropes ayant les principaux caractères généraux suivants : « … les uns sont fondés sur une sorte de similitude : c'est la métaphore, quand la figure ne tombe que sur un mot ou deux ; et l'allégorie, quand elle règne dans toute l'étendue du discours. Les autres enfin sont fondés sur un rapport de connexion : c'est la synecdoque avec ses dépendances ; et l'antonomase n'en est qu'une espèce, désignée en pure perte par une dénomination différente. Qu'on y prenne garde ; tout ce qui est véritablement *trope* est compris sous l'une de ces trois idées générales ; ce qui ne peut pas y entrer n'est point *trope*… »[1] L'apport spécifique des néo-classiques c'est le classement de ces relations différentes entre les référents du terme propre et figuré, cette substitution ponctuelle d'un mot à un autre formant une déviation poétique, « une irrégularité qui est aussi une beauté »[2]. Dans le cas des textes baroques, on voit que les figures typiques privilégiées sont l'hyperbole, l'antithèse et l'antilogie (« l'obscure clarté »), les métaphores extravagantes, les périphrases énigmatiques qui exercent la perspicacité et stimulent l'intelligence. Il réapparaît donc le thème du mystère, du détour, mais sans le poids sombre du Moyen Âge conféré par la magie et la perspective de l'éternel salut. Mais dans cette période l'attitude sur la métaphore n'est pas généralement positive. Il y a des travaux fondamentalement critiques (Locke, Malebranche, Leibniz), sensibles à l'ampleur et à la variété du phénomène métaphorique, qui enseignent à dépister les métaphores, à les juguler, à les éliminer par la constitution de terminologies du langage qui prétend dire la vérité, et non

---

[1] Beauzée N., *L'Encyclopédie, ou dictionnaire raisonné des sciences, des arts et des métiers, par une société de gens de lettres*, Paris, Libraires associés, 1751-1772, t. XVI, 1765, p. 698.
[2] Fontanier P., *Les figures du discours*, Flammarion, Paris, 1968, p. 170.

pas de chimères. Bien que critiques, ces travaux reconnaissent à l'imagination la force contraire à la raison, toute sa vigueur et sa vitalité. Celui qui annonce les conceptions romantiques, depuis le XVIIIe siècle, c'est Fontanier, celui qui présente le discours comme pluralité non linéaire, représentation tellement étrangère au classicisme.[1]

L'histoire de la métaphore connaît une véritable mutation avec le romantisme, ouvrant l'ère où l'on vit encore, celle qui triomphe de nos jours par l'analyse rhétorique et linguistique, à travers le modèle interactionnel de J.A. Richards et la conception romantique sur la métaphore de Coleridge. Vu que la vision sur l'homme et sur le monde change à l'époque romantique, la métaphore acquiert elle aussi de nouvelles valences. Le langage n'est plus considéré comme un habit de la pensée qui lui préexiste, mais il est doué d'une fonction autonome, étant une faculté productrice, une énergie, l'esprit n'étant plus une faculté passive d'enregistrement des phénomènes, mais une activité de création, il n'est plus un miroir, mais une lampe qui anime et illumine le monde.[2] La métaphore, comme l'image et le symbole, n'est plus le résultat d'une pure et simple association d'idées, conçue selon le modèle empirique qui reliait deux objets caractérisés par une similitude objective, mais elle est créée par le moi poétique qui engendre des similitudes et impose ses lois au monde des phénomènes. Le langage, à l'origine, est un langage métaphorique, la métaphore unissant ce qui est en même temps similaire et différent, constituant la forme même de la connaissance créatrice comme synthèse du divers et union des semblables et contraires dans une totalité organique et vivante. Le passage de l'homme au monde, du

---

[1] Idem, p. 185.
[2] Abrams M.H., *The Mirror and the Lamp*, New York, Oxford University Press, 1953.

visible à l'invisible, du micro au macrocosme se fait à travers la métaphore.

Tout au long du XIXe siècle on maintient la même conception sur la métaphore, exprimée par le Symbolisme européen. La métaphore et le symbole sont au centre de l'art poétique.[1] Conservant les mêmes valeurs affectives et cognitives que pour les Romantiques, la métaphore et le symbole permettent l'incarnation de l'invisible et la révélation de l'incognoscible. Pour les symbolistes, « l'image est une création pure de l'esprit. Elle ne peut naître d'une comparaison, mais du rapprochement de deux réalités éloignées. Plus les rapports des deux réalités rapprochées seront lointains et justes, plus l'image sera forte — plus elle aura de puissance émotive et de réalité poétique. (...) Une image n'est pas forte parce qu'elle est brutale et fantastique, mais parce que l'association des idées est lointaine et juste. »[2] L'accomplissement du symbolisme est réalisé par le surréalisme, dans la mesure où il ruine les préceptes classiques concernant la métaphore – l'exigence d'une ressemblance objective entre les signifiés d'une substitution ponctuelle limitée au mot, avec interdiction d'une liaison par les signifiants. Une fois récusées les ressemblances objectives ou codées, on ne rencontre pas l'arbitraire, mais le langage – par la prolifération des métaphores filées[3], par l'entrelacement des métaphores et comparaisons[4] - liquidant l'héritage de la rhétorique classique qui voyait dans la métaphore un trope de la similitude. Dans le prolongement de l'expérience

---

[1] Moreas J., « Le Symbolisme », in Mitchel B. (éd.), *Manifestes littéraires de la Belle-Époque*, Seghers, Paris, 1966, p. 28.

[2] Reverdy P., *Pensées sur la poésie*, Gallimard, Paris, 1949, p. 17.

[3] Riffaterre M., « La métaphore filée dans la poésie surréaliste », in Langue Française, n° 3, 1969.

[4] Soublin F., Tamine J., « Limites de la caractérisation syntaxique des métaphores », in Analyse et validation dans l'étude des données textuelles, Editions du CNRS, 1977, p. 77.

surréaliste, la métaphore, dans la réinterprétation « lacano-jakobsonienne », est définie, comme la métonymie également, non sur le plan du signifié, mais sur celui du signifiant : la métaphore « jaillit entre deux signifiants dont l'un s'est substitué à l'autre en prenant sa place dans la chaîne signifiante, le signifiant occulté restant présent de sa connexion (métonymique) au reste de la chaîne. Un mot pour un autre, telle est [sa] formule »[1].

1.2 La métaphore juridique

On ne peut plus douter aujourd'hui de la force structurante de la conceptualité réalisée par la métaphore. Elle n'est plus saisie comme un artifice rhétorique ou comme une figure de style, mais comme un opérateur sémantique qui permet la conceptualisation d'une forme, d'un régime d'action, d'une situation ou une problématique dans le champ expérientiel d'un sujet incarné, toujours socialisé et situé dans l'espace-temporalité. La métaphore est saisie comme matrice de l'imaginaire, mais une matrice cognitive, un mécanisme général de la pensée.

Vecteur d'une conceptualisation réconciliant divers plans de la réalité perçue par les sens, la mobilisation spontanée de la métaphore tient à la créativité féconde des processus symboliques par lesquels la pensée se construit les représentations tenant à la fiction, à une poétisation qui fait de tout produit de l'esprit humain, y compris dans les sciences, une œuvre d'art qui nous permet vivre, supporter le poids de la réalité. Si chez Kant on n'a accès qu'aux phénomènes, jamais au noumène, chez Nietzsche on n'a affaire qu'à des perspectives ou points de vue, tandis que la réalité est filtrée par le prisme des vérités qui sont des fictions ou des métaphores usées. Pour Nietzsche, le temps, l'espace, la causalité ne sont rien d'autre que des

---

[1] Lacan J., *Ecrits*, Seuil, Paris, 1966, p. 597.

métaphores de la connaissance par lesquelles on s'explique les choses.[1]

On n'hésite pas à affirmer, avec Nietzsche, que la métaphore est originaire, diffuse, ubiquitaire, constituant la matrice des formes qui éventuellement seront conceptualisées et thésaurisées comme essences en base d'une amnésie structurante. Ce sont les essences donc qui découlent des métaphores, et pas l'inverse : « cet instinct qui pousse à former des métaphores constitue la pulsion fondamentale de l'humain (…) on ne peut faire abstraction de cette pulsion, car on ferait alors abstraction de l'homme lui-même »[2]. Image de la réalité, la métaphore, intuition intellectuelle spontanée, conduit à la création des réalités par interprétation.

La métaphore est un mode d'expression qui laisse toute liberté à l'imagination, à l'invention, par l'absence de règles qui la constituent et par l'étendue du domaine qui lui soit propre. La métaphore est une figure particulière de la réalité, mais aussi un processus fondamental de similarité – deux conceptions sur la métaphore[3] dont on n'a pas toujours perçu leur place distincte dans le discours juridique, soit-il le discours du droit (le discours de la loi ou le raisonnement à partir de la loi pour déterminer ses significations) ou le discours sur le droit. La métaphore comme figure a toujours existé dans le discours du droit sous les formes de l'analogie, ayant pour fonction la justification de la norme du droit subjectif. Le discours sur le droit, discours théorique donc (celui d'un Kelsen, Duguit ou Dworkin) qui doit rendre compte du fonctionnement du droit, recourt

---

[1] Nietzsche, *Le livre du philosophe. Études théorétiques. Introduction théorétique sur la vérité et le mensonge au sens extra-moral*, Édition bilingue allemand-français, traduction par Angèle Kremer-Marietti, Aubier Flammarion, Paris,1969, p. 131.

[2] Idem, pp. 194-195.

[3] Timsit G., « La métaphore dans le discours juridique », in Revue européenne des sciences sociales, XXXVIII-117/2000, pp. 83-94.

pleinement au raisonnement métaphorique. Ce raisonnement est destiné à permettre l'adéquation de la théorie à la réalité. La métaphore comme figure se contente d'une ressemblance approximative, en utilisant des images qui sont des représentations partielles ou déformées de la réalité, son objet étant plutôt de donner à voir que de démontrer. La métaphore comme structure conserve sa dimension proprement-dit métaphorique, celle de donner à voir, mais ce qui la différencie de la métaphore comme figure est justement le fait de s'assumer la distance entre deux objets ou deux rapports placés l'un devant l'autre pour rendre compte de l'exacte réalité.

Dans le langage juridique, la première et la plus évidente fonction de la métaphore en est une purement rhétorique, perçue comme un artifice linguistique de manipulation de l'opinion de l'auditoire.[1] Dans notre étude on va s'occuper de la métaphore lexicalisée, qui désigne des concepts précis dans un domaine donné, métaphores dont on attribue le statut sémiotique de termes complets, qui passent dans le langage commun en acquérant un sens nouveau. Ces termes métaphoriques présentent différents degrés d'interaction entre le domaine source et le domaine cible qui les a engendrés, pouvant se manifester sous diverses formes sémiotiques.[2] Loin de briser l'essor de l'imagination, la lexicalisation des métaphores le favorise, en fournissant à la langue des moyens supplémentaires d'enrichissement et en facilitant la création d'images neuves.

---

[1] Mortara Garavelli et Gérard Cornu attribuent cette fonction ornementale à la rhétorique juridique propre aux discours oraux juridictionnels.

[2] Rossi M., *Terminologies et comparaison interculturelle : évolutions de quelques métaphores conceptuelles dans le domaine du droit de la famille*, Lingua e Diritto. La Lingua della Legge, la Legge nella Lingua, Publifarum, no 18, publié le 13/03/2013, url: http://publifarum.farum.it/ezine_articles.php?id=255 consulté le 26 octobre 2018.

On ne s'attendrait pas à ce que le droit utilise la dimension métaphorique du langage, procédé appartenant plutôt à la littérature. Cependant le droit jouit pleinement des métaphores qui doivent y répondre aux exigences de clarté, de précision, de non-ambiguïté, de concision et d'exactitude sémantique, étant utilisées de manière particulière, plutôt comme façon de penser que de parler. Dans le domaine du droit, la métaphore devient structurale, organisant les représentations et les expériences au moyen de noms simples ou complexes, lexicalisés, qui se sont propagés dans le temps et l'espace. Les métaphores deviennent transparentes, se comprenant sans un effort intellectuel particulier.

Si pour Aristote la métaphore constituait « une figure rhétorique purement ornementale », au XXIe siècle elle n'est plus seulement destinée à embellir l'expression poétique, mais à engendrer de nouvelles formes d'accès au savoir, conduisant « d'un paradigme du régime sémantique expressif à un régime sémantique cognitif »[1], ne tenant plus seulement compte du style des œuvres littéraires, mais visant l'ensemble de sciences humaines.[2] Le premier ayant mis en évidence les mécanismes cognitifs et sémiotiques qui soutiennent l'utilisation de la métaphore dans les langues de spécialité est Assal (1994), pour lequel « la métaphore terminologique est loin d'être une simple façon de parler, elle est essentiellement une manière de penser. Certes elle est un emprunt imagé, mais une fois que cet emprunt est réinvesti dans une pratique sociale, une fois que sa signification est réglée par les acteurs agissant dans le

[1] Ibidem.

[2] Branca-Rosoff S., « La métaphore entre philosophie et rhétorique, » in Langage et société, n°89, 1999, pp. 141-144. www.persee.fr/doc/lsoc_0181-4095_1999_num_89_1_2889 consulté le 26 octobre 2018.

cadre de cette pratique, elle devient l'expression d'un nouveau concept. »[1] Selon lui, les études se multiplient, et la métaphore est analysée comme jouant un rôle capital dans l'expression de nouvelles découvertes scientifiques, l'accent se posant sur son rôle vulgarisateur[2] et sur le pouvoir communicatif de l'analogie[3] : « La métaphore joue un rôle aussi important que le toucher, et elle est aussi précieuse »[4].

Le domaine du droit, apparemment précis et monosémique, n'échappe non plus à l'utilisation de la métaphore. Ici la métaphore a une fonction première et évidente purement rhétorique, de manipulation de l'opinion de l'auditeur. Cette fonction ornementale, d'artifice linguistique, est attribuée par Cornu[5] et Garavelli[6] aux discours oraux juridictionnels. La catachrèse, une autre réalisation de la métaphore, vise la terminologie fondamentale du discours juridique, usant des termes « qui ont aujourd'hui perdu, dans l'usage juridique, leur valeur métaphorique [...] leur usage officiel par le législateur, le juge, l'administrateur est devenu tout naturel »[7]. L'interaction entre le domaine-source et le domaine-cible

---

[1] Assal J.Ph., « La métaphorisation terminologique, Terminologie et traduction », in Meta: journal des traducteurs / Meta: Translators' Journal, no 2, 1994, pp. 235-242.

[2] Jacobi D., *De la recherche à la vulgarisation; itinéraires du texte scientifique*, Annales de l'Université de Besançon et les Belles Lettres, Paris, 1986.

[3] Jacobi D., *La communication scientifique; discours, figures, modèles*, Presses Universitaires de Grenoble (coll. Médias & sociétés), Grenoble, 1999.

[4] Gaudin F., « La socioterminologie », in Loïc Depecker (dir.), *La terminologie : nature et enjeux*, Langages, 39e année, n°157, 2005, pp. 80-92.

[5] Cornu G., *Linguistique juridique*, Paris, Montchrestien, 2000.

[6] Mortara Garavelli B., *Le parole e la giustizia*, Einaudi, Torino, 2001.

[7] Cornu G., *Linguistique juridique*, *op. cit.*, p. 86.

engendre des séries de termes apparentés[1], en relation avec les objets d'usage commun, qui deviennent des termes techniques du domaine visé (parquet-ministère public), mettant en évidence la vitalité de la dynamique conceptuelle. Les compétences inférentielles sont stimulées par les métaphores conflictuelles, provocation pour les conditions de cohérence logique, qui donnent naissance à de nouvelles théories ou à de nouveaux paradigmes épistémologiques. Par la métaphore, le nouveau concept est mieux transmis et pérennisé.

La métaphore est un moyen linguistique de matérialisation des processus cognitifs de la communication dans le milieu des spécialistes, facilitant la construction du concept et fournissant, par analogie, un support imaginatif qui permet de le lier à un circuit conceptuel déjà connu.[2] Si dans la vision wüstérienne la métaphore est considérée une entité non rationnelle qui tend vers des représentations subjectives, vagues et ambiguës, sans vigueur scientifique, notre opinion est, par contre, que la métaphore est choisie par les scientifiques justement parce qu'ils peuvent lui apprécier la capacité à produire de la connaissance et à dénommer, par une utilisation appropriée, une situation donnée, « obtenant ainsi un cadre de réflexion et une vision adaptée pour la réalité à décrire »[3]. La métaphore terminologique, idéal d'intellectualisation par décision, systématisation conceptuelle et neutralité émotive, devient un instrument de manipulation du droit.

---

[1] Prandi M., « A Plea for Living Metaphors: Conflictual Metaphors and Metaphorical Swarms », in Metaphor and Symbol 27(2), 2012, p. 148-170.

[2] Gaudin F., *Socioterminologie, une approche sociolinguistique de la terminologie*, Duculot De Boeck, Bruxelles, 2003.

[3] Oliveira I., « La métaphore terminologique sous un angle cognitif », in Meta: journal des traducteurs / Meta: Translators' Journal, vol. 50, n° 4, 2005.

2.1 La métaphore du droit créatrice de réalités

Comme idéal moral, le concept de droit est une métaphore géométrique. La droite s'oppose à la courbe, la mesure de cette rectitude ne semblant pas dépendre de l'arbitraire de quelqu'un.[1] Ce qui est droit ou juste nous semble être, à partir de l'universalité et de l'éternité de la règle mathématique, ce qui est conforme à la loi, ayant une nécessité rationnelle. Cette loi qu'on appelle morale, les Grecques disaient que ce sont les dieux qui l'ont donnée aux hommes pour qu'ils ne se déchirent pas et qu'à la différence des animaux ils soient justes les uns envers les autres.

Initialement terme de morale et de philosophie, ayant le sens de « fondement des règles qui régissent les rapports entre les hommes dans la société et impliquant une répartition équitable des biens, des prérogatives et des libertés »[2], fréquemment associé à l'équité, à la justice, à la liberté[3] et opposé à la force, à l'injustice[4], il apparaît dans le syntagme *droit divin* où le déterminant désigne la source du droit, comme « ensemble de prérogatives conférées par Dieu » et qui, par extension, acquiert le sens d'« autorité, de pouvoir qui en découlent »[5]. La théorie du droit divin désignée par ellipse et par le syntagme *droit divin* c'est une théorie élaborée au XVIIe siècle, selon laquelle « le roi

---

[1] Manon S., « Droit naturel et droit positif », in *Droit et justice*, Chapitre XIX, 2008, PhiloLog, http://www.philolog.fr consulté le 26.11.2018.

[2] Jaurès J., *Études socialistes*, Cahiers de la Quinzaine, Paris, 1901, p. 131 ; Clémenceau G., *L'Iniquité,* Palais-Royal, Paris, 1899, p. 477.

[3] Mauriac F., *Bâillon dénoué,* Grasset, Paris, 1945, p. 457.

[4] (de) Montalembert Ch.F.R., *Ste Élisabeth,* De Bécourt, Paris, 1836, p. XIX ; Farrère C., L'*Homme qui assassina,* P. Ollendorff, Paris, 1907, p. 346.

[5] (de) Vigny A., *Journal d'un poète,* Gallimard, Paris,1850, p. 1273.

détient la souveraineté de Dieu »[1]. Par opposition au droit divin, mais aussi au droit positif, il y a le droit naturel, comme « ensemble des droits inscrits dans la nature de l'homme » et, par extension, comme « ensemble des règles morales et sociales qui en découlent »[2].

Dans le domaine juridique, le terme est utilisé avec le sens d'ensemble de règles à caractère contraignant qui régissent les comportements et les rapports entre les hommes dans la société, dans des syntagmes tels : *droit positif* par opposition au *droit naturel* ; *droit objectif* par opposition au *droit subjectif.* Parmi les syntagmes qui désignent les branches du droit on mentionne : *droit des gens*[3] ; *droit public, droit constitutionnel, droit administratif ; droit pénal ou droit criminel ; droit privé, droit commun, droit civil, droit commercial, droit maritime, droit rural ; droit interne, droit international privé, droit international public* etc. Le *droit romain* est « le droit des anciens Romains jusqu'à la codification de Justinien et qui est resté en application dans certains pays jusqu'à nos jours»[4]. Il est parfois utilisé comme synonyme du droit écrit[5] qui est « le droit créé par le législateur et exprimé dans des textes par lui promulgués »[6]. Le système de droit écrit formule les règles coutumières sous-jacentes[7]. En ce qui concerne les juridictions, le terme apparaît dans les

---

[1] Madame de Staël, *Considérations sur la Révolution française,* t. 2, Charpentier, Paris, 1817, p. 163 ; Lefebvre G., *Etudes sur la Révolution française,* PUF, Paris, 1963, p. 88.

[2] (de) Balzac H., *Splendeurs et misères des courtisanes,* Alexandre Houssiaux, Paris, 1846, p. 454 ; Vedel G., *Manuel élémentaire de Droit constitutionnel,* Sirey, Paris, 1949, p. 106.

[3] (de) Bonald L.G.A., *Législation primitive,* Le Clere, Paris, t. 2, 1802, p. 91.

[4] Capitant H., *Le Vocabulaire juridique,* PUF, Paris, 1936.

[5] *Ibidem.*

[6] *Ibidem.*

[7] Vedel G., *Manuel élémentaire de Droit constitutionnel, op. cit.,* 1949, p. 121.

syntagmes *juridiction de droit commun*[1] par opposition à la *juridiction (répressive) d'exception*[2], et concernant les crimes, délits et infractions et les criminels, détenus, et prisonniers etc., l'opposition est avec la *juridiction politique : crime, délit, infraction de droit commun ; condamné, détenu, prisonnier de droit commun*[3].

Le terme apparaît dans toute une série de locutions à sens juridique spécifique. Ainsi, il est rencontré dans des locutions adjectivales (*de droit* signifie « selon le droit, légitime, légal »[4] et, par opposition à *de fait* , il a le sens de « légal »[5] et spécialement d'« imposé par la loi »[6] ; *en droit*, par opposition à *en fait*, il a le sens de « légal »[7]) ; des locutions adverbiales (*à bon droit* « à juste titre, légitimement »[8] ; *de droit* « légitimement, légalement »[9], souvent utilisé par opposition à *de fait, de plein droit*, « sans qu'aucune formalité juridique ne soit nécessaire »[10] ; *en droit* « légitimement, légalement »[11], « selon les principes ou les règles du droit »[12] ; *en droit stricte* selon la lettre de la loi »[13]). Utilisé au singulier aussi bien qu'au pluriel, avec

---

[1] *Idem*, p. 539.

[2] Lefebvre G., *Etudes sur la Révolution française, op. cit.*, p. 576.

[3] Ménard L., *Rêveries d'un païen mystique,* Alphonse Lemerre, Paris, 1876, p. 214.

[4] Hugo V., *Actes et paroles,* vol. 3, Albin Michel, Paris, 1876, p. 10.

[5] (de) Bonald L.G.A., *Législation primitive, op. cit.,* p. 81; (de) Gaule Ch., *Mémoires de guerre,* Plon, Paris, 1954, p. 314.

[6] Ginestet P., *L'Assemblée Parlementaire Européenne,* PUF, Paris, 1959, p. 94.

[7] Belorgey G., *Le* gouvernement *et l'administration de la* France, A. Colin, Paris, 1967, p. 34.

[8] Sarraute N., *L'Ère du soupçon. Essais sur le roman,* Gallimard, Paris, 1956, p. 15.

[9] (de) Bonald L.G.A., *Législation primitive, op. cit.,* p. 81.

[10] *Code civil,* 1804, art. 1846, p. 334.

[11] Grousset R., *L'épopée des croisades,* Plon, Paris, 1939, p. 145.

[12] (de) Gaultier J., *Le Bovarysme,* 1902, réimpression Kessinger Publishing, 2010, p. 147.

[13] (de) Gaulle Ch., *Mémoires de guerre, op. cit.,* 1954, p. 17.

le sens d'avantage, liberté consentie à l'homme en vertu de la nature ou d'un principe de caractère religieux, moral ou légal, il apparaît dans des syntagmes juridiques tels : *droit fondamental, droit des peuples de disposer d'eux-mêmes, déclaration des droits de l'homme, droits imprescriptibles et inaliénables*. Parmi les droits naturels et acquis, on énumère la liberté de conscience et d'enseignement, la liberté de la presse et la liberté d'association, les libertés civiles et politiques, la liberté du travail et d'industrie[1], le terme étant fréquemment associé, dans ce sens, à *garantie, intérêt, liberté*[2]*, pouvoir, prérogative*[3]*, privilège*[4]. Lorsqu'il se combine avec un adjectif, il désigne la qualité du droit (*droit absolu, exclusif, insaisissable, légitime, sacré, souverain ; constitutions à droits déclarés ou garantis* et *constitutions sans déclarations ni garanties des droits*[5]) ou sa nature (*droit légal, moral ; droit économique, social ; droit féodal ; droit civil, civique, droit réel*[6]), l'objet du droit (*droit électoral, syndical*) ou le détenteur du droit (*droit individuel, droits paternels*[7], *droit personnel, droit subjectif* « prérogative appartenant à une personne et lui permettant d'exiger d'une autre soit des prestations ou des abstentions (droits personnels), soit le respect d'une situation dont elle profite (droits réels, droits individuels) »[8]. Ce n'est que la tradition du droit occidental[9] qui connaît les oppositions droit public/droit privé, droit objectif/droit subjectif. Combiné avec un substantif précédé

---

[1] (de) Lamennais F.R., *L'Avenir,* Paris, 1831, p. 170.
[2] (de) Vigny A., *Journal d'un poète, op. cit.*, 1843, p. 1192.
[3] France A., *L'Île de pingouins,* C. Lévy, Paris, 1908, p. 315.
[4] (de) Vigny A., *Journal d'un poète, op. cit.*, 1843, p. 1192.
[5] Vedel G., *Manuel élémentaire de droit constit., op. cit.*, 1949, p. 186.
[6] Capitant H., *Le Vocabulaire juridique, op. cit.*
[7] Maurois A., *Ariel,* Grasset, Paris,1923, p. 304.
[8] Capitant H., *Le Vocabulaire juridique, op. cit.*
[9] Pareto V., *Traité de sociologie générale,* Droz, Paris-Genève, 1968, p. 181.

par la préposition *à*, le substantif désigne l'objet du droit (*droits au trône*[1], *droits au patrimoine commun*[2]), fréquemment apparu dans des locutions juridiques telles : *avoir droit à* « pouvoir légitimement exiger »[3]; *donner droit à* « légitimer quelque chose »[4]; *ouvrir droit à* « remplir les conditions et obligations administratives permettant au détenteur d'un droit d'en faire bénéficier ses ayants droit »[5]. Combiné avec un substantif précédé par la préposition *de*, le substantif désigne : l'origine du droit, le principe qui confère le droit (*droit de primogéniture*[6], *droit de citoyenneté*) ; la qualité ou la fonction à laquelle est attaché le droit (*droit d'auteur, de citoyen, droit légal de locataire*[7], *droits d'électeur*[8]) ; l'objet du droit (*droit de paix et de guerre, droit de législation, droit de taxe*[9], *droit d'amendement, d'appropriation, d'asile, d'association, de créance, de dissolution, d'expropriation, de grève, de parole ; droit de pêche, de préemption, de propriété, de réunion ; droit de véto ; droit de vie et de mort*) ; le détenteur du droit qui est précédé par l'article défini (*droits de l'humanité*[10], *droits de la défense*[11], *droit de l'individu, du faible, de l'opprimé ; droits des minorités, des nations, des peuples, droits de l'homme* « ensemble des garanties

---

[1] Bainville J., *Histoire de France,* t. 1, A. Fayard, Paris, 1924, p. 116.
[2] Arland M., *L'Ordre,* Editions de la Nouvelle revue française, Paris, 1929, p. 107.
[3] Barrès M., *Mes Cahiers,* t. 8, Plon, Paris, 1909-11, p. 186.
[4] Malraux A., *L'Espoir,* Gallimard, Paris, 1937, p. 435.
[5] *La Réforme de la Sécurité sociale,* 1968, p. 49.
[6] (de) Chateaubriand F.-R., *Mémoires d'outre-tombe,* t. 3, Garnier, Paris, 1848, p. 674.
[7] Clemenceau G., *Vers la réparation,* P.V. Stock, Paris, 1899, p. 264.
[8] Rolland R., *Jean-Christophe. Le* buisson *ardent*, Albin Michel, Paris, 1911.
[9] Guizot F., *L'Histoire générale de la civilisation en Europe,* Leçon 7, Pichon et Didier, Paris, 1828, p. 36.
[10] Foch F., *Mémoires,* t. 1, Paris, 1929, p. 11.
[11] Gide A., *Le Journal,* Gallimard, Paris, 1938, p. 1320.

qui appartiennent, en face de la puissance publique, à toute personne humaine, quels que soient sa nationalité, son âge et son sexe, c'est-à-dire l'égalité et la liberté civiles et le droit de propriété »[1]). Combiné avec un infinitif précédé par la préposition *de* (*droit de vivre, d'agir, de choisir, d'ordonner, d'aimer, de s'aimer*[2]), est utilisé dans des locutions telles : *avoir le droit de* « avoir légitimement ou légalement la liberté, la possibilité de »[3] ; *être en droit de* « être légitimement ou légalement autorisé à »[4]. *Droit* peut se combiner : avec un verbe transitif antéposé (du type : *abandonner, abdiquer, abolir un droit ; accorder, attribuer, céder, concéder un droit ; conférer, exercer, garantir, invoquer un droit ; perdre, proclamer, reconnaître, revendiquer, usurper un droit ; faire valoir ses droits*) ; avec un verbe transitif indirect antéposé (du type : *abuser, bénéficier, jouir, être investi d'un droit ; rentrer dans ses droits ; rétablir dans ses droits*) ; avec un verbe à la voix pronominale (du type : *s'arroger, se reconnaître, se réserver un droit/le droit de*). Combiné avec la préposition *sur*, il apparaît dans diverses locutions, précédé par des verbes tels : *avoir, revendiquer, reconnaître* (*avoir des droits sur quelqu'un* « exercer légitimement son autorité sur quelqu'un », *revendiquer des droits sur quelqu'un* « avoir des exigences légitimes à son égard »[5], *reconnaître ses droits sur quelqu'un, quelque chose* « faire acte de reconnaissance, accepter ou déclarer comme vrai »[6]. Le

---

[1] Capitant H., *Le Vocabulaire juridique, op. cit.*, 1936.
[2] Guéhenno J., *Journal d'un homme de 40 ans*, Grasset, Paris, 1934, p. 219.
[3] (de) Saint-Exupéry A., *Pilote de guerre,* Gallimard, Paris, 1942, p. 333.
[4] Gide A., *L'École des femmes,* Gallimard, Paris, 1929, p. 1291 ; Goldschmidt B., *L'Aventure atomique,* Fayard, Paris, 1962, p. 21.
[5] (de) Beauvoir S., *Mémoires d'une jeune fille rangée,* Gallimard, Paris, 1958, p. 191.
[6] Maritain J., *Primauté du spirituel*, Plon, Paris, 1927, p. 115

terme apparaît également dans les syntagmes juridiques : *ayant-droit* « qui a droit à quelque chose »[1], par exemple, un héritier est l'ayant-droit de la personne décédée, la victime d'un accident est l'ayant-droit de l'auteur de l'accident, etc. », terme qui se confond souvent avec l'*ayant-cause* « personne qui tient d'une autre personne le droit qui lui est transmis expressément »[2].

La métonymie est le procédé par lequel le terme *doit* acquiert le sens de somme d'argent perçue par l'administration (ou une personne privée) en échange d'une autorisation, d'un droit dans des syntagmes tels : *droit de timbre*[3], *droit d'entrée, droit de circulation, droit direct, droits indirects, droits de mutation*[4], *droits régaliens, seigneuriaux, droits de circulation, droit d'auteur*[5].

2.2 La désambiguïsation de la métaphore du droit par l'utilisation des définitions

Le droit est un système de pensée, de valeurs et de normes qui renvoie à une certaine vision sur le monde et la société, sur soi et l'autre, une vision culturellement marquée, car produite par une société ; elle en parle naturellement dans un vocabulaire qu'elle s'est créé toute seule. La définition du droit a alimenté une littérature abondante qui se perd dans la nuit des temps et qui ne

---

1 http://www.linternaute.com/dictionnaire/fr/definition/ayant-droit/ ; http://droit-finances.commentcamarche.net/faq/4010-ayant-cause-ou-ayant-droit-definition ; http://www.larousse.fr/dictionnaires/francais/ayant_droit_ayants_droit/7205 consulté le 18.11.2018.

2 « L'Univers économique et social », in *Société nouvelle de l'Encyclopédie française*, Librairie Larousse, Paris, 1960, p. 4809.

3 Duhamel G., *Cécile parmi nous,* Mercure de France, Paris, 1938, p. 110.

4 Courier P.-L. , *Pamphlets politiques et littéraires,* Gazette du village, Paris, 1823, p. 181.

5 (du) Gard R.M., *Souvenirs autobiographiques et littéraires,* Gallimard, Paris, 1955, p. XCIC.

semble avoir abouti à une conclusion satisfaisante, car « les juristes cherchent encore une définition pour leur concept du droit »[1].

Mais qu'est-ce que le droit, pourquoi doit-il exister ? Au fil du temps on a apporté différentes réponses à ces questions, car « le droit est lié à l'absolu et au relatif, à l'éternel et au temporel, à l'histoire et au présent, à la justice et à la force, à la nation et à l'univers, à la raison et à la passion, il y a dans le droit quelque chose de tout ceci, et non seulement ; son sens, sa force et sa raison d'être conserve une partie irréductible de mystère »[2], mystère venu, en grande partie, du fait que le terme droit est une métaphore qui, comme toute métaphore, est un moyen linguistique de matérialisation des processus cognitifs de la communication « en facilitant la construction du concept, en fournissant, par analogie, un support imaginatif qui le lie à un circuit conceptuel déjà connu ».[3]

Avec tous les problèmes posés par la définition de ce terme qui fait partie de la famille des concepts qui ne sont clairs que vus de loin[4], ses définitions peuvent être

---

[1] Kant, *La critique de la raison pure*, Gallimard, Paris, 1968, p. 503.

[2] Ibidem.

[3] Gaudin F., *Socioterminologie, une approche sociolinguistique de la terminologie*, Duculot De Boeck, Bruxelles, 2003.

[4] Le droit, au sens de droit objectif, est un ensemble de normes qui organisent la vie, une technique de coexistence humaine à des fins spécifiques Le droit objectif représente la totalité de normes juridiques, de règles de comportement instituées dans la société, la conduite légiférée – Corbeanu I., *Teoria generală a dreptului*, Editura Lumina Lex, 2008, Bucureşti, p. 18. Le droit est un ensemble unitaire de règles de conduite obligatoires, susceptibles de la mise en œuvre par le pouvoir d'État - Ghimpu S., *Dicţionar juridic selectiv*, Editura Albatros, Bucureşti, 1985. Par droit objectif on comprend l'ensemble de normes juridiques émises dans une société donnée. Dans la vision de Bergel J.L., *Théorie générale du droit*, 3e éd., Dalloz, Paris, 1999, p. 62, le droit objectif représente l'ensemble de règles qui régissent la vie sociale et dont le respect est garanti par le pouvoir public. Voir aussi

encadrées dans deux types. Il s'agit, d'une part, des définitions données par les juristes mêmes et, d'autre part, par les définitions données par les anthropologues du droit.

L'étude du droit par les juristes ressemble à une science de la religion conduite par les prêtres de cette religion, une sorte de logique de l'absolu.[1] Ils approchent le droit comme si sa définition ne présentait aucune difficulté[2] et autorisait une réponse qui ait « la clarté, la précision et la cohérence » propre à toute vérité scientifique[3], soit comme s'il s'agissait d'un « projet qui les désespère »[4], affecté par une « difficulté presqu'insurmontable »[5] et qui révèle « les

---

Vida I., *Teoria generală a dreptului*, support de cours, École nationale d'études politiques et administratives, Faculté d'Administration publique, București, p. 9. https://www.scribd.com/document/118232084/Suport-de-Curs-Ioan-Vida-TGD consulté le 26.11.2018 ; Dogaru I., Dănişor D.C., Dănişor Gh., *Teoria generală a dreptului*, Editura Ştiinţifică, Bucureşti, 1999 ; Naschitz A., *Teorie şi tehnică în procesul de creare a dreptului*, Editura Academiei, Bucureşti, 1969 ; Popescu S., *Teoria generală a dreptului*, Editura Lumina Lex, Bucureşti, 2000 ; Bergman H., *The Historical Background of American Law*, in Talks an American Law, New York, 1961 ; Moroianu E., *Teoria generală a dreptului, note de curs*, Tg-Jiu, 2003 ; Popa N., Eremia M.C., Cristea S., *Teoria generală a dreptului*, Editura All Beck, Bucureşti, 2003 ; Mihai Gh., Motica R.I., *Fundamentele dreptului, Teoria şi filosofia dreptului*, Editura All, Bucureşti, 1997.

1 Louis A.-A., « Le juridique des anthropologues », in *Droit et société*, n° 5, 1987, *Questions d'anthropologie*, pp. 89-108.

[2] Perelman Ch., « La réforme de l'enseignement du droit et la "nouvelle rhétorique" », in *Archives de philosophie du droit*, no 20, 1975, p. 165, où il parle d'un consensus « sur ce qui relève du droit ou n'en relève pas ».

[3] François L., *Le problème de la définition du droit. Introduction à un cours d'évolution de la philosophie du droit à l'époque contemporaine*, Liège, Faculté de droit, d'économie et des sciences sociales de Liège, 1978, p. 9.

[4] Virally M., *La pensée juridique*, LGDJ, Paris, 1960, p. 1.

[5] Rigaud F., *Introduction à la science du droit*, Vie ouvrière, Bruxelles, 1974, p. 5.

vertiges sémantiques du concept de droit »[1]. Le problème de la définition du droit est lié à un paradoxe : bien qu'on parle aisément de lui, cependant on sait en même temps qu'on ne sait pas ce qu'est le droit.[2] À une approche rapide, on croit que « sa définition a la simplicité de l'évidence », mais à une étude plus approfondie on se rend compte « qu'elle a l'inaccessibilité du mystère »[3].

2.2.1. Les définitions formelles du droit

Dans tous les cours d'*Introduction au droit* on commence par la définition du droit. Certaines définitions sont formelles, faisant du droit un ensemble de règles susceptible de sanction étatique. Si pour Larroumet le droit est « un corps de règles ordonnant la vie en société de façon à éviter l'anarchie entre les membres du corps social »[4], Gérard Cornu voit en lui « l'ensemble de règles de conduite socialement édictées et sanctionnées et qui s'imposent aux membres de la société »[5]. Pour Boris Stark (qui s'encadre dans cette même catégorie), le droit est « l'ensemble de règles de conduite qui gouvernent les rapports entre les hommes et dont le respect est assuré par l'autorité publique »[6]. Gridel définit le droit comme « règle ou série

---

[1] Goyard-Fabre S., « *Le droit, tâche infinie* », in *Définir le droit*, t. 2, *Droits*, vol. 11, 1990, p. 25.

[2] Valéry P., *Regards sur le monde actuel*, Gallimard, Paris, 1962, p. 37.

[3] Raucet L., *Pour une théorie critique du droit*, Duculot, Gembloux, 1975, p. 21.

[4] Larroumet Ch. , Droit *civil*, tome 1, Économica, Paris, 1984, p. 1.

[5] Cornu G., *Vocabulaire juridique,* PUF, Paris, 1987, p. 290.

[6] Starck B., Roland H., Boyer L., *Introduction au droit*, 4e éd., Litec, Paris, 1996, p. 1 ; définition reprise par J. Bonnard qui ajoute qu'il serait trop simple de dire que le droit est un ensemble de lois, car il serait aussi inexact, le droit pouvant avoir d'autres sources également (coutumes, jurisprudence, doctrine) - Bonnard J., *Introduction au droit*, 2e éd, Ellipses, coll. Universités Droit, Paris, 1998, p. 1.

de règles appelées à régir de manière identique des cas définis par leur commune caractéristique»[1].

La spécificité de la règle juridique est, selon les juristes, son caractère obligatoire (son non-respect est sanctionné par la contrainte étatique). Les frères Mazeaud disent de la règle de droit qu'elle « est sanctionnée par la contrainte ; il y a là un caractère spécifique de la règle de droit. Une règle qui ne serait pas obligatoire, ne serait pas une règle de droit »[2]. Aubert, dit approximativement la même chose, dans une expression similaire : « la caractéristique spécifique de la règle de droit consiste en ce qu'elle est à la fois une règle obligatoire et sanctionnée par l'État »[3]. Mais on a démontré que la sanction n'est pas inhérente au droit, qu'il peut exister du droit même sans sanction[4], car « une règle n'est juridique parce qu'elle est sanctionnée d'une certaine manière par le groupe ; elle est sanctionnée de cette manière par le groupe parce qu'elle est juridique »[5].

Les définitions substantielles du droit

Ce type de définitions part soit du contenu du droit, soit de ses finalités. Dans la première catégorie, celles qui partent du contenu du droit, on comprend les doctrines idéalistes ou de droit naturel (jusnaturalistes). Selon elles, le droit positif doit être conforme à un idéal de justice ; le

---

[1] Gridel J.-P., *Introduction au droit et au droit français: notions fondamentales, méthodologie, synthèses*, Dalloz, Paris, 1994, p. 1.

[2] Mazeaud H., Mazeaud J., Mazeaud L. , *Leçons de droit civil*, LGDJ, Paris, 2000, pp. 24-25.

[3] Aubert J.L., *Introduction au droit et thèmes fondamentaux du droit civil*, Sirey, Paris, 2016, p. 20.

[4] Chrétien-Vernicos G., *Introduction historique au droit*, Université Panthéon-Sorbonne, Paris 1. DHDI. Groupe de travail Droits de l'homme et dialogue interculturel. France, Les cours en ligne du DHDI, http://www.dhdi.free.fr/, 2002 consulté le 24.11.2018.

[5] Weill A., Terré F., *Droit civil. Introduction générale*, Dalloz, Paris, 1979, p. 16.

droit naturel est celui voulu par Dieu (et qui s'impose aux hommes). Dogme éternellement vrai qui fonde la civilisation chrétienne. L'école du droit naturel part de la nature de l'Homme (toujours et partout la même) pour en déduire l'existence de certains droits appartenant à l'homme et dont le droit positif doit reconnaître : un droit naturel est droit « par nature, et non pas par convention »[1], car « il y a une justice et une injustice dont tous les hommes ont, comme une divination, et dont le sentiment leur est naturel et commun, même quand il n'existe entre eux aucune communauté et aucun contact »[2]. La mesure de la justice naturelle est de nature transcendante : le Cosmos chez les Grecs, le Dieu chez les chrétiens, la raison pour les rationalistes classiques.

Selon les théories du droit naturel, il fonde ou devrait fonder le droit positif, car « le droit positif est fondé sur le droit naturel qui lui sert tout ensemble de fondement, mesure et limite. La loi suprême de toute loi positive est qu'elle ne soit pas contraire à la loi naturelle »[3].

Pour que la notion de droit naturel soit présente, il faut que la nature ne soit pas ignorée[4], n'existant pas de découverte du droit naturel sans philosophie. Aristote appelle les premiers philosophes « des hommes qui discutent sur la nature » (et non pas, comme leurs prédécesseurs, « des dieux »), et Socrate (qui peut être considéré en quelque sorte le père du doit naturel, étant le premier à faire la philosophie redescendre sur la terre[5])

---

[1] Manon S., *Droit naturel et droit positif,* Cours de philosophie, 2008, http://www.philolog.fr/droit-naturel-et-droit-positif/ consulté le 24.11.2018.

[2] Aristotel, *Retorica*, Univers Enciclopedic Gold, Bucureşti, 2004, 1373b.

[3] Cousin V., *Du Vrai, du Beau et du Bien*, Didier, Paris, 1862, p. 439.

[4] L. Strauss cité par M. Rothbard, *L'Éthique de la Liberté*, Les Belles Lettres, Paris, 1982, p. 35.

[5] Cité par M. Rothbard, *op. cit.*, p. 35

considère que « la prééminence de cette croyance [la loi divine révélée] empêche la naissance de l'idée de droit naturel ou fait de sa recherche un objectif secondaire : en effet, si l'homme connaît de révélation divine le bon chemin, quel besoin y a-t-il de le chercher par ses propres moyens ? »[1] Par conséquent, le droit naturel ne peut être pensé qu'en même temps que la contestation de l'autorité de la loi divine révélée[2] et ensuite la contestation de la coutume (équivalent pré-philosophique de la nature).

Le droit naturel moderne trouve dans l'individualisme, qui a ses fondements dans la philosophie chrétienne[3], le terreau propice de son apparition : « Il est immédiatement évident que le point de vue occidental sur la valeur de l'individu dut beaucoup au christianisme. Le sens de l'identité et de la valeur individuelle est implicite dans la foi en Dieu »[4]. Les théories modernes du droit naturel se développent en partie par opposition à l'absorption du droit naturel par la théologie. Le premier qui a donné une théorie moderne du droit naturel est Jean Gerson[5], les théories modernes se développant contre l'absorption du droit

---

[1] Strauss L., Droit naturel et histoire, Flammarion, Paris, 1953, p. 87.

[2] « Dans une communauté gouvernée par des lois divines, il est strictement interdit de soumettre ces lois à une discussion sérieuse, donc à l'examen critique, en la présence des jeunes gens » - Strauss L., *op. cit.*, p. 87.

[3] La philosophie chrétienne affirme l'existence d'un droit naturel : « Les pays qui n'ont pas de loi écrite font naturellement ce qui est conforme à la loi ; n'ayant pas de loi, ils sont pour eux-mêmes leur propre loi, les prescriptions de la loi sont écrites dans leur cœur et leur sont révélées par la conscience » - Saint Paul, Fides et Ratio, cité par Sériaux A., *Loi naturelle, droit naturel, droit positif selon le catholicisme*, http://www.reseau-regain.net/PhiloPolitiquePDF_file/PhiloPolitiquePDF_files/3Ca23-LoiNaturelleCatho.pdf, consulté le 28/03/2014.

[4] Burns J.H., Histoire de la pensée politique médiévale (1988), PUF, Paris, 1993, p. 555.

[5] Idem, p. 484.

naturel par la théologie, se fondant sur la raison et sur une stricte séparation de la théologie. Pour Pufendorf, le droit naturel « prescrit telle ou telle chose parce que la droite raison nous la fait juger nécessaire pour l'entretien de la société humaine en général »[1]. Avec Hobbes et ensuite Locke[2], la discipline du droit naturel s'est débarrassée des considérations théologiques : « Le Moyen-Âge fut une époque de mysticisme, gouvernée par une foi aveugle et l'obéissance aveugle au dogme que la foi est supérieure à la raison. La Renaissance fut précisément la renaissance de la raison, la libération de l'esprit humain, le triomphe de la rationalité sur le mysticisme ; un triomphe défaillant et incomplet mais passionné, qui conduisit à la naissance de la science, celle de l'individualisme et de la liberté. »[3] On voit ici que le droit naturel des modernes, pour survivre, est obligé à changer radicalement le paradigme par rapport au droit naturel des anciens : l'individu n'est plus considéré un moyen au service du bien commun, mais une fin. Ce qui fait que le droit naturel individualiste s'oppose à l'absolutisme : les gouvernants doivent désormais justifier le pouvoir en se fondant sur des procédés laïques (la Nation, le bien commun ou la volonté populaire), la religion perdant sa fonction de légitimation du pouvoir.

La théorie idéaliste du droit a un caractère dualiste, ignorant « la coexistence d'un droit, non créé par les hommes et émanant d'une autorité transcendante, et d'un droit réel, créé par les hommes ; par contre, elle ne connaît

[1] Dubois A., « L'évolution de la notion de droit naturel antérieurement aux physiocrates », in Revue d'histoire des doctrines économiques et sociales, vol. 1, 1908, pp. 245-281.

[2] Strauss L., *Droit Naturel et Histoire*, Flammarion, Paris, 1953.

[3] Boaz D., Histoire de la liberté, traduction de Stéphane Geyres et Thomas Heinis, 2012, p. 22, http://www.institutcoppet.org/wp-content/uploads/2013/01/David-Boaz-Histoire-de-la-libert%C3%A9.pdf. consulté le 22.11.2018.

qu'un droit : le droit positif créé par les hommes »[1]. Selon la position de Kelsen, ce qui est juste est ce que la loi dit : « La norme de justice prescrit de quelle manière le droit, c'est-à-dire un système de normes qui règlent le comportement humain, qui sont créées par des actes humains et qui ont une certaine efficacité, c'est-à-dire le droit positif, doit être élaboré quant à son contenu. Comme la norme de justice prescrit un traitement déterminé à appliquer à des hommes, elle se rapporte [...] à l'acte par lequel le droit est créé. [...] Si cet acte n'est pas conforme à la norme de justice, c'est-à-dire si la norme qu'il crée ne possède pas le contenu déterminé par la norme de justice, la norme ainsi créée est jugée injuste. En ce sens seulement la norme de justice sert de critère de valeur pour juger le droit positif. »[2] Selon ce raisonnement, la justice et le droit ne peuvent être identiques, le rôle décisif dans l'application et le respect des normes étant joué par le rapport entre elles : « un droit positif ne peut être considéré valable que dans le cas et dans la mesure où droit ne peut signifier qu'ordre valable »[3], car le fondement de la validité du droit positif est la validité de la norme de justice : « un droit positif est valable même s'il est injuste »[4], ce qui signifie qu'une norme de justice ne peut être considérée valide si l'on considère valable une norme du droit positif dont la création ne correspond pas à la norme de justice.[5]

La perspective axiomatique et aprioriste (la démonstration du droit naturel devient scientifique ou tout au moins plus scientifique, se fondant sur des axiomes et sur la déduction logique) appartient aux penseurs

---

[1] Kelsen H., « Justice et droit naturel », in *Droit naturel*, (œuvre collective, traduction E. Mazingue), PUF, Paris,1959, p. 647.
[2] Ibidem.
[3] Ibidem.
[4] Ibidem.
[5] Ibidem.

contemporains du droit naturel. L'un d'entre eux, Ayn Rand, considère que les droits de l'homme ne découlent « de la loi divine ou de la loi sociale, mais de la loi de l'identité » qui fait que A soit A, que l'Homme soit Homme, et que ses droits constituent les conditions d'existence exigées par sa nature pour sa propre survivance.[1]

La discipline du droit naturel a été bouleversée par une toute autre théorie récente, la soi-disant « éthique de l'argumentation »[2], pour laquelle la recherche des faits implique, de manière logique, l'adoption de certaines valeurs ou de certains principes éthiques : « On s'éloigne pourtant des théoriciens des droits naturels par le fait qu'on ne prétend pas répondre à la question de savoir quels buts de l'homme peuvent ou ne peuvent pas être justifiés à partir non plus du concept plus large de la nature humaine, mais du concept plus étroit de l'argumentation. »[3]

Les définitions du droit par ses finalités

La deuxième catégorie de définitions, celles qui partent des finalités du droit, lui accorde un but social qui permet aux membres d'une société de bien vivre ensemble. Ce type de définitions semblent plus fiables. Si tous les auteurs s'accordent sur le fait que le but du droit (la garantie de l'ordre et la réalisation de la justice), ils ne tombent pas totalement d'accord sur les modalités par lesquelles ce but est mis en œuvre. On arrive à la conclusion qu'il n'y a pas de droit sans société, ni société sans droit, car là où il existe une société, il existe aussi un corps de droit. La justice en elle-même n'est pas représentative pour l'idée du droit, ce

---

[1] Rand A., Atlas Shrugged, 1957, (traduction de Sophie Bastide-Foltz), Les Belles Lettres, Fondation Andrew Lessman, Paris, 2013.

[2] Hoppe H.H., The economics and ethics of private property, Ludwig von Mises Institute, Auburn, Alabama, 2006.

[3] Idem, p. 315.

qui la clarifie étant le but visé par le droit, finalité qui peut être comprise de trois perspectives : le droit ne sert qu'à l'individu, à la société ou aux biens culturels.[1] Les finalités du droit sont partielles et partisanes : si l'individu exige que le but du droit soit la protection de la personne, la société privilégie la valeur collective, et en ce qui concerne le but du droit relativement aux biens culturels, il exige la protection des choses et de la propriété.[2] Mais, pour qu'une société soit juste, il faut qu'aucune valeur ne soit prioritaire, car l'individu homme est lié à la société, qui ne peut être pensée qu'en tant que société d'individus qui ne peuvent y vivre que par l'échange de valeurs culturelles réalisé par la communication.

Le droit, comme phénomène social, a pour rôle de satisfaire les besoins et les aspirations des hommes. Ses finalités tiennent à la règlementation et à la discipline des relations sociales, à la résolution des conflits apparus entre les hommes, à la prévention des faits antisociaux, etc. On ne peut donc parler d'une seule finalité concrète du droit, mais d'une diversité de finalités[3].

Si tous les auteurs de cette catégorie sont d'accord que le droit a pour but de faire régner l'ordre en général, ils ne s'accordent pas sur les moyens de mise en œuvre de ce but. Selon Charles Leben, le droit est ce qui n'est pas étranger à

---

[1] Radbruch G., *Rechtsphilosophie* (1932), in *Gesamtausgabe* vol. II, C.F. Müller Juristischer Verlag, Heidelberg, 1993, p. 279 et s.

[2] Grätzel S., « La philosophie du droit et les fautes du passé. La « troisième voie » vers une humanisation du droit selon Gustav Radbruch », in Archives de philosophie du droit, no 49/2005, p. 421.

[3] Pantea O., *Note de curs Teoria generală a dreptului (Ciclul I)* Ministerul Educaţiei al Republicii Moldova, Universitatea de Studii Europene din Moldova, Facultatea de Drept, http://www.usem.md/uploads/files/Note_de_curs_drept_ciclul_1/001_-_Teoria_general%C4%83_a_dreptului.pdf; http://www.cours-de-droit.net/la-finalite-le-but-du-droit-a121605834; http://www.etudier.com/dissertations/R%C3%A8gle-De-Droit-Et-R%C3%A8gle-Morale/85502.html consulté le 26.11.2018.

la justice.[1] François Terré écrit que le droit est premièrement justice, mais il n'est pas seulement justice, car « il doit satisfaire » le plus « juste et sage ». Selon l'opinion générale, « le droit a pour but de garantir l'ordre et de réaliser la justice »[2], avec une insistance particulière sur l'ordre, la justice étant considérée pouvoir être subjective.

Les définitions systématiques-procédurales du droit

Il y a une troisième conception où le droit ne doit se rapporter à aucun contenu moral.[3] Pour Habermas, le droit joue un rôle important dans la relation entre le monde vécu et le système, étant un facteur crucial dans la rationalisation progressive du monde vécu[4] : « Le droit qui s'interprète formellement comme le complexe d'institutionnalisation de l'attitude normativante vers la communauté sociale s'éloigne de plus en plus de la morale ; le droit se cristallise en une institution de contrainte externe »[5]. Pour lui, la légitimation du droit se fait, même à l'époque moderne, par référence aux principes moraux normativants. Pour son institutionnalisation, ce qui est indispensable c'est la disjonction entre le système et le monde vécu : « Le droit, en effet, s'établit dans une société et fonctionne comme une force légitime autour de laquelle un ordre politique d'État

---

[1] Lebcn Ch., « Droit : quelque chose qui n'est pas étranger à la justice », in Droits, no 11/2, 1990, pp. 35-40.

[2] Chrétien-Vernicos G., *Cours d'histoire du Droit*, http://www.dhdi.free.fr/cours/histdroit/hd1.htm consulté le 24.11.2018.

[3] Kaufmann A., *Rechtsphilosophie*, C.H. Beck, München, 1997, p. 40 et s.

[4] Habermas J. , *Théorie des kommunikativen Handelns*. Band 1 : *HandlungsrationalitSt und gesellschaftliche Rationalisierung*. Band 2 : *Zur Kritik der funktionalistischen Vernunft*, Suhrkamp, Frankfurt,1981, pp. 205-366.

[5] Matthieu D., « La notion de droit dans la théorie de l'agir communicationnel de Jürgen Habermas », in *Déviance et société*, Vol. 18, no 1, 1994, p. 97.

et un système économique se fixent et se développent. »[1] Pour la légitimation du droit ce ne sont pas nécessaires ses buts, il lui faut encore la garantie de la légalité.[2] Le caractère procédural du droit est mis en évidence par le fait qu'il est déjà présent là où la justice n'est pas ou n'est pas encore réalisée, le droit se voyant attribuer sa propre source interne qui ne se rapporte pas à d'autres valeurs. La garantie du droit est considérée elle-même une valeur.[3]

Pour Weber[4] le droit est un pur complexe de rationalisation cognitive instrumentale où les problèmes sont expliqués et résolus par l'autorité politique souveraine comme réaction à la violation des normes sociales. L'autorité politique indique ainsi les limites du possible et de l'impossible, résolvant les problèmes de manière positive, légaliste et formelle.

Comme Kant également (pour lequel l'unité systématique est placée dans le concept métaphysique du droit), Cohen (chez lequel l'unité systématique se situe dans l'idée éthique de l'unité de l'homme) et Kelsen (selon lequel l'unité systématique doit se trouver dans une hiérarchie des normes placées sous une norme fondamentale) conçoivent le droit comme une science, en le considérant une connaissance systématique soumise à un principe. Pour Cohen et Kelsen, le droit est seulement traité d'une perspective systématique, ne formulant pas en soi un système (le système a une nature éthique chez Cohen, et

---

[1] Idem, p. 98.

[2] Habermas J., *Faktizität und Geltung*, Frankfort, 1994, p. 49 ; trad. fr. de Jürgen Habermas, *Droit et démocratie. Entre faits et normes*, Paris, Gallimard, 1997.

[3] Radbruch G., *Rechtsphilosophie (1932),* in *Gesamtausgabe* vol. II, C.F. Müller Juristischer Verlag, Heidelberg, 1993, p. 315.

[4] Weber M., *La sociologie du droit*, Dalloz-Sirey, coll. « L'esprit du droit », Paris, 2006.

proprement-dite juridique chez Kelsen).[1] La science juridique est définie par Cohen par sa fonction dans le système construit autour des conditions de la conscience de soi et de l'unité d'action, c'est-à-dire de la volonté.[2] Pour Hans Kelsen, il n'y a pas de droit original dont on déduit un ordre juridique, le droit étant seulement garanti comme résultat procédural d'une norme fondamentale définie comme principe de légitimation de la validité des normes : « À un ordre qui se fonde sur une norme fondamentale de ce type il appartient une norme donnée, parce qu'elle est créée de manière déterminée dans la norme fondamentale et parce qu'elle a un contenu déterminé. La norme fondamentale ne fournit que le principe de validité des normes qui forment le système. »[3] La validité de la norme fondamentale ne résultant pas de son rapport aux idéaux et à ses valeurs, mais de l'exigence de ce que le droit et ses conditions de validité doivent être, il en résulte qu'on peut donner n'importe quel contenu au droit. La théorie de Kelsen sépare complètement le droit de la morale, liant la validité des normes à la systématicité construite par l'introduction de la norme fondamentale : « Une pluralité de normes forme une unité, un système, un ordre, si sa validité peut être renvoyée à une norme unique comme raison ultime de cette validité. La norme fondamentale constitue, en tant que source commune, l'unité dans la pluralité de toutes les normes constitutives d'un ordre. »[4]

---

[1] Merle J.-C., « La conception du droit de Hermann Cohen et de Hans Kelsen », in Revue germanique internationale, http://rgi.revues.org/1095, p. 123.

[2] Cohen H., *Ethik des reinen Willens*, 1907, rééd., 5e éd., Georg Olm, Hildesheim/New York, 1981, p. 591.

[3] Kelsen H., *Reine Rechtslehre* (éd. de 1960), Wien, 1992, p. 199 et s. ; Kelsen H., *Théorie pure du droit* (1932), trad. de Charles Eisenmann, Dalloz, Paris, 1962.

[4] Kelsen H., Reine Rechtslehre, op. cit., p. 62.

2.2.2. Les définitions anthropologiques du droit

En admettant que le droit est inhérent à toute forme de vie en société, les théories anthropologiques du droit ont tout au moins l'avantage d'essayer de saisir ce qu'est le droit par les expériences de diverses sociétés. Les conceptions sur le droit formulées par les sciences sociales peuvent être placées dans deux catégories : celle qui regarde le droit en termes de modes de conduite effective et celle qui le regarde en termes de modèle juridique étatique.

Selon Eugen Ehrlich[1] et Bronislaw Malinowski[2] (les géants du champ des approches socio-scientifiques du droit), le droit consiste dans la conduite régularisée et dans les modes effectifs de comportement d'une communauté, d'un groupe ou d'une société[3]. Pour Malinowski, le droit doit être défini par sa fonction, et non pas par les modalités de ses manifestations, en s'assumant avant tout une fonction de réciprocité, et non pas de sanction. Le comportement d'un individu est davantage façonné par les relations sociales, que par les normes et institutions. Le droit est formé « d'une autorité centrale, des codes, tribunaux et magistrats »[4], représentant « un aspect de la vie tribale »[5]. Chez Ehrlich, les sociétés sont faites

---

[1] Ehrlich est promu au rang d'inventeur de la sociologie du droit et de fondateur de la science de la sociologie du droit - Ziegert K., « A Sociologist's View », in Kamenka E. et Erh-Soon Tay A. (éds.), *Law and Social Control*, Edward Arnold, London, 1980, p.76 ; voir aussi Scur E., *Law and Society : A Sociological View*, Random House, New York,1968, p. 37.

[2] Malinowski écrit *Crime and Custom in Savage Society*, texte qui représente le plus influent ouvrage d'anthropologie du droit - Hamnett I., « Introduction », in Hamnett I. (éd.), *Social Anthropology and Law*, Academic Press, New York, 1977, p. 6.

[3] Pospisil L., *Anthropology of Law : A Comparative Theory*, Harper & Row, New York, 1971, pp. 28-31.

[4] Malinowski E., *Crime and Custom in Savage Society*, Harcourt, Brace and Company, New York, 1926, p. 14.

[5] Ibidem.

d'associations multiples, qui se réalisent à différents niveaux : « Une association sociale est une pluralité d'êtres humains qui, dans leurs relations les uns avec les autres, reconnaissent certaines règles de conduite comme contraignantes et règlent leur conduite, en général tout au moins, en fonction d'elles. »[1]

Marc Galanter définit le « droit indigène » dans les termes des « schémas concrets d'ordonnancement social »[2]. Sally Falk Moore met en garde contre la tentation de nommer droit toute norme de comportement social dans les sociétés sans État.[3] Il appelle la règle « le champ social semi-autonome », conception qui, dans la tradition du pluralisme juridique, est une dominante du droit.[4]

La deuxième catégorie a pour figures marquantes des penseurs tels Max Weber et Adamson Hoebel et considère le droit comme mise en œuvre institutionnalisée de la norme[5] : le terme de *droit garanti* doit être compris à partir de l'existence d'un « appareil coercitif » qui met en œuvre la norme[6] – ce sont les tribunaux et la police qui, au nom du public, sanctionnent la violation des normes.[7]

---

[1] Ehrlich E., *The Fundamental Principles of the Sociology of Law*, Russell & Russell, New York, 1975, p. 39.

[2] Galanter M. , « Justice in Many Rooms : Courts, Private Ordering, and Indigenous Law », in Journal of Legal Pluralism, no 1, 1981, p. 3.

[3] Moore S.F., Social Facts and Fabrications. « Customary » Law in Kilimandjaro 1880-1980, Cambridge University Press, Cambridge,1981, spécialement pp. 38, 90, 317-318, 330 ; Moore S.F., Law as Process: An Anthropological Approach, Münster, Hambourg, 1978, pp. 14-22.

[4] Tamanaha B., « The Folly of the 'Social Scientific' Concept of Legal Pluralism », in Journal of Law and Society, vol. 20, no 2, 1993, pp. 205-207.

[5] Feeley M., « The Concept of Laws in Social Science : A Critique and Expanded View », in Law & Society Review, no 10, 1976, pp. 497-498.

[6] Rheinstein M., Weber M., *Law in Economy and Society*, Simon and Schuster, New York, 1954, p. 13.

[7] Ziegert K., « A Sociologist's View », in Kamenka E. et Erh-Soon Tay A. (éds.), *Law and Social Control*, Edward Arnold, London,1980, p. 76.

La ré-institutionnalisation des normes, notion de Bohannan, est liée à l'idée de Hart sur les règles secondaires de reconnaissance. Le droit est considéré comme une institution de contrôle social parmi d'autres, sa démarche consistant à distinguer le droit d'autres règles de contrôle social, ensuite à montrer comment une institution devient-elle juridique. Le passage du social au juridique se réalise lorsque certaines coutumes sont choisies parmi d'autres par les institutions juridiques afin de fournir des critères de décision qui permettent la résolution des conflits qui portent atteinte au bon fonctionnement des institutions sociales.[1]

Roscoe Pound voit une étroite connexion entre le droit étatique et le contrôle social lorsqu'il conçoit le droit comme un mode de contrôle social appliqué par la force par une société politiquement organisée.[2] Sa conception se retrouve dans les travaux de Donald Black selon lequel « la science ne peut connaître que de phénomènes, jamais d'essences »[3]. La recherche d'une conception correcte sur le droit n'est pas scientifique[4], car le droit est « un contrôle social gouvernemental »[5]. Selon Roscoe Pound le droit est un type de contrôle social qui s'exerce par l'utilisation systématique de la force dont une société politiquement organisée en dispose[6].

---

[1] Hart H.L.A., *The Concept of Law*, Oxford University Press, Oxford, 1961, pp. 89-96.

[2] Pound R., *Social Control Through Law*, Yale University Press, New Haven, Conn., 1942, p. 25.

[3] Black D., « The Boundaries of Legal Sociology », in Yale Law Journal, vol. 81, 1972, p. 1092.

[4] Ibidem.

[5] Black D., *The Behavior of Law*, Yale University Press, New Haven, Conn., 1976, p. 2.

[6] Pound R., « La place et la finalité de la théorie du droit sociologique », (1911) (trad. de Françoise Michaud), Clio@Thémis, Revue électronique d'histoire du droit, n° 6, 2013, pp. 488-516.

Radcliffe-Browne réalise une définition à partir des critères dérivés de la tradition occidentale qui applique systématiquement la force et la sanction coercitive, le terme droit désignant pour lui « la majorité, sinon la totalité de processus de contrôle social. Au sens restreint, le terme désigne le contrôle social par l'application systématique de la force d'une société politiquement organisée »[1]. Pour Hoebel également, « une norme sociale est juridique si le fait de la négliger ou de l'enfreindre est régulièrement contrecarré par la simple menace ou, dans les faits, par l'application de la force physique par un individu ou un groupe jouissant du privilège socialement reconnu de pouvoir se comporter ainsi »[2].

Dans les termes de Philip Selznick, le droit est considéré, à partir de l'idée de contrôle social institutionnalisé, « comme endémique à toutes les institutions qui se fondent, pour exercer leur contrôle social, sur l'autorité et la règlementation formelle »[3], la légalité étant celle qui distingue le droit[4].

La caractéristique distinctive de nouvelles conceptions scientifiques sur le droit est qu'elles s'attachent à la signification et au domaine symbolique. Selon Niklas Luhmann, le droit est « un système de sens », et non pas un ensemble d'institutions, présent chaque fois que quelqu'un

---

[1] Radcliffe-Brown A.R. (1924-1949), *Structure et fonction dans la société primitive* (trad. de Françoise et Louis Martin, présentation et notes de Louis Martin), Collection « Points Sciences humaines », Paris, Éditions de Minuit, no 37, 1972, p. 207.

[2] Hoebel A., *The Law of Primitive Man*, Harvard University Press, Cambridge, 1954, p. 18.

[3] Selznick P., *Law, Society and Industrial Justice*, Russell Sage Foundation, New York, 1969, p. 7 ; Idem, « The Sociology of Law », in International Encyclopedia of the Social Sciences, vol. 51, no 9, 1968, p. 51.

[4] Cotterrell R., *The Sociology of Law*, Butterworths, London, 1984, p. 45-46.

communique ou même pense en termes juridiques[1], ce qui implique, cependant, de trouver les critères d'identification du droit. Son autopoïèse définit le droit dans les termes du « code juridique binaire *légal/illégal* »[2], sa conception étant dépendante du modèle d'État.

On peut conclure que le langage du droit suscite depuis longtemps un vif intérêt, en admettant que le droit serait déterminé par la langue qui, « possédant une énergie propre », lui imposerait « sa propre nature »[3], ou qu'un « droit est lié à la langue », identifié au langage par lequel il s'exprime.[4] La parallèle entre le droit et la langue conduit à reconnaître qu'il y a entre eux des rapports profonds, les deux étant « des phénomènes sociaux, de formation profondément coutumière et imprégnés par un certain caractère contraignant et normatif »[5], tout comme d'ailleurs les deux sont des produits de l'histoire[6], étant deux systèmes évolutifs. Mais un droit n'est nécessairement lié à une seule langue, car dans la définition des concepts qu'on a analysés ce n'est pas « le génie de la langue » ou du droit qui comptent, mais plutôt le génie de ceux qui manient la langue ou respectivement le droit. Le discours juridique c'est « la langue en action dans le droit », étant « la mise en œuvre de la langue, par la parole, au service du droit »[7].

---

[1] King M., « The Truth About Autopoiesis », in Journal of Law and Society, no 20, 1993, p. 226.

[2] Idem, p. 223.

[3] Ce thème a été approfondi dans la littérature allemande. Voir Haba E.P., « Etudes en allemand sur les rapports entre droit et langue », in Archives de philosophie du droit, t. 19, 1974, p. 257 et s.

[4] Glenn P., « Droit comparé et langages juridiques », in *Français juridique et science du droit*, Bruylant, Bruxelles, 1995, p. 160 et s.

[5] Carbonnier J., *Droit civil. Introduction*, Thémis, PUF, Paris, 1979, p. 43.

[6] Carbonnier J., *Droit et passion du droit sous la Ve République*, coll. « Forum », Flammarion, Paris, 1996, p. 104.

[7] Idem, p. 211.

« Manière d'être (soit stable, soit soumise aux variations) d'une personne ou d'une chose »[1], le mot état devient, par extension, « situation, condition d'une personne »[2] et, dans un contexte juridique, désigne la situation d'une personne du point de vue de l'ordre social. Par métonymie, il arrive à désigner « l'administration suprême d'un État »[3], devenant d'ailleurs synonyme de *nation, pays, pouvoir, royaume, empire*, d'où, en droit international, du point de vue des relations et des modalités des relations entre les États, le sens de « nation (ou groupe de nations) douées d'un gouvernement (ou d'une autorité politique souveraine) reconnu par la communauté internationale »[4].

Du « fait de s'asseoir, de rester, de s'attarder ; hauteur du corps humain, stature ; (*par extension*) figure ; corps humain », le terme arrive désigner « l'institution suprastructurale qui constitue un instrument principal d'organisation politique et administrative d'une communauté humaine située sur un territoire déterminé, à travers laquelle s'exerce la fonctionnalité du système social global, sont réglementées les relations politiques entre les hommes, etc. ; le territoire et la population sur lesquels cette institution exerce son autorité »[5].

---

[1] Gide A., *L'Immoraliste,* Société du Mercure de France, Paris, 1902, p. 401 ; Gaucher M., *Encyclopédie médicale Quillet*, A. Quillet, Strasbourg, 1965, p. 273.

[2] David A., *La cybernétique et l'humain*, Gallimard, Paris, 1965, p. 78.

[3] Belorgey G., *Le gouvernement et l'administration de la France*, A. Colin, Paris, 1967, p. 353.

[4] *Petit manuel du Conseil de l'Europe,* Direction de l'Information du Conseil de l'Europe, Strasbourg,1951, p. 48.

[5] *Dicționarul explicativ al limbii române*, Univers Enciclopedic Gold, București, 2009, https://dexonline.ro/definitie/stat.

3.1 La métaphore de l'État

Cette métaphore, de l'État, fait partie des métaphores corporelles[1] qui abondent en droit. Une métaphore crée une réalité, se constituant non seulement comme instrument, mais aussi comme un nouvel objet, comme sujet et question. Les métaphores corporelles s'offrent à nous non comme une dissimulation expressive, extrinsèque et fortuite, mais comme un élément appartenant de manière stable à la réalité de la théorie philosophico-juridique, comme une véritable tension cognitive, l'imaginatif et le métaphorique constituant des formes éminentes de la réalité historique.

Depuis l'Antiquité, le corps a stimulé la réflexion des philosophes, étant vu comme un miroir de l'âme, ensuite comme un corps propre, constituant l'identité de l'individu. Rapidement, le corps a été investi par la politique, avec Hobbes le corps et la politique établissant des rapports très étroits. L'auteur du Léviathan, ainsi que les philosophes de tradition contractualiste - Locke et Rousseau – comprenaient le corps comme métaphore de l'État : « Le Corps politique, aussi bien que le corps de l'homme, commence à mourir dès sa naissance, et porte en lui-même les causes de sa destruction. Mais l'un et l'autre peut avoir une constitution plus ou moins robuste et propre à le conserver plus ou moins longtemps. La constitution de l'homme est l'ouvrage de la nature, celle de l'État est l'ouvrage de l'art. »[2] Bien qu'ils ne soient organicistes, pour Locke « (…) , toute communauté est un corps qui est dans l'état de nature, par rapport aux autres États, ou aux

---

[1] Chebili S., « Corps et politique : Foucault et Agamben », in L'information psychiatrique, vol. 85, no 1, 2009, pp. 63-68.

[2] Rousseau J.-J., *Du contrat social*, I, Genève, 1780-1789, p. 57, https://www.rousseauonline.ch/ pdf/rousseauonline-0004.pdf

personnes qui sont membres d'autres communautés [1], et pour Rousseau « Le principe de la vie politique est dans l'autorité souveraine. La puissance législative est le cœur de l'État, la puissance exécutive en est le cerveau, qui donne le mouvement à toutes les parties. Le cerveau peut tomber en paralysie et l'individu vivre encore. Un homme reste imbécile et vit: mais sitôt que le cœur a cessé ses fonctions, l'animal est mort. »[2] L'État apparaît non seulement comme un pouvoir souverain et institutionnalisé, mais aussi comme une organisation qui permet aux individus de vivre ensemble, en les soudant dans une collectivité politique[3] : « Ce qui forme une communauté, et tire les gens de la liberté de l'état de nature, afin qu'ils composent une société politique, c'est le consentement que chacun donne pour s'incorporer et agir avec les autres comme un seul et même corps, et former un État distinct et séparé. »[4] La métaphore corporelle continue chez Rousseau lorsqu'il affirme que « Il ne dépend pas des hommes de prolonger leur vie, il dépend d'eux de prolonger celle de l'État aussi loin qu'il est possible, en lui donnant la meilleure constitution qu'il puisse avoir. Le mieux constitué finira, mais plus tard qu'un autre, si nul accident imprévu n'amène sa perte avant le temps. »[5]

L'État moderne tire une partie de sa substance, tout au moins celle qui s'exprime par la métaphore corporelle, de ce qu'autrefois était pensé dans les mêmes corps

---

[1] Locke J., *Traité du gouvernement civil*, traduction française de D. Mazel en 1795 de la 5e éd., publiée à Londres en 1738, p. 88; http://classiques.uqac.ca/classiques/locke_john/traite_du_gouvernement/traite_du_gouv_civil.pdf. consulté le 26.11.2018.

[2] Rousseau J.-J., *Du contrat social*, *op. cit.*, p. 57.

[3] *Encyclopédie Universalis*, https://www.universalis.fr/encyclopedie/etat/2-theorie-de-l-etat/ consulté le 26.11.2018.

[4] Locke J., *Traité du gouvernement civil*, *op. cit.*, p. 121.

[5] Rousseau J.-J., *Du contrat social*, *op. cit.*, p. 57.

intermédiaires.[1] À partir des corps naturels et multiples qui peuplent le monde médiéval, on assiste à la naissance du grand corps souverain de l'État moderne qui dévore les corps traditionnels sans pour autant les digérer complétement (ils subsistent avec un statut ambigu).[2]

Le corps mistique est l'apanage du Christ, puis de l'Eucharistie, de l'Église, avant d'être celui de l'État. L'État se construit en évoluant d'une double manière[3] : depuis l'idée de la figure royale pensée selon l'image du Christ, jusqu'à l'idée de royauté en tant que corps armé des mêmes caractéristiques mistiques que l'église.[4]

L'image du corps est indispensable à la réflexion sur l'État, la collectivité, le pouvoir collectif, comme si elle était nécessaire à la formation et au devenir de ces réalités politiques et sociales. L'État est un corps mixte et, selon Machiavel, un corps comme tous les autres, qui subsiste parce qu'il parvient à s'organiser, à s'articuler, en passant du simple au complexe. Dans son cas, il ne s'agit pas d'une métaphore statique dont la fonction serait d'assigner purement et simplement des hiérarchies et des limitations rigides aux devoirs, mais d'une métaphore dont l'objet est toujours un corps vivant[5] formé des corps animés et rationnels capables d'imiter la nature, par calcul ou instinct, capables de se réunir, de s'unir et de s'incorporer les uns les

---

[1] Berns T., Frydman B., *Généalogie de l'esprit de corps*, http://www.philodroit.be/IMG/doc/esprit-2.doc?lang=fr consulté le 26.11.2018.

[2] Briguglia G., « Langages politiques, modèles et métaphores corporelles. Propositions historiographiques », L'Atelier du Centre de recherches historiques [En ligne], 01 | 2008, mis en ligne le 28 novembre 2009, consulté le 14 novembre 2017. URL : http://acrh.revues.org/318 ; DOI : 10.4000/acrh.318

[3] Kantorowicz E., *Les deux corps du Roi*, Gallimard, Paris,1989.

[4] Cette question de l'unité du multiple n'est pas seulement politique, mais aussi c'est la question de l'unité de l'intellect agent chez Averroès.

[5] Briguglia G., *op. cit.*

autres jusqu'à devenir cet organisme unique, ce grand organisme, ce corps animé qui est l'État.[1]

Dans une logique du vivant, il n'existe pas d'État sans nature, l'État étant un mixte soumis aux influences des astres et à la naturalité de ses composantes, à savoir les individus, en même temps marqués par les étoiles et par leurs propres caractères, qui se réunissent dans l'État comme les humeurs dans le corps.[2]

3.2 Les définitions juridiques de l'État

Tout discours sur le droit part de l'État ou de l'idée d'État, à la fois auteur et sujet du droit, et la plupart des disciplines juridiques en font une institution majeure. L'État est une réalité historique et, en même temps, une construction théorique, ce qui rend extrêmement difficile sa définition de manière satisfaisante. La théorie juridique s'est heurtée à des difficultés dans sa tentative de définir l'État. Sur ce terrain, trois grandes perspectives se sont rencontrées.

3.2.1 La théorie de l'État-autorité

La première perspective est représentée par Maurice Hauriou, celui qui propose la théorie de l'État-autorité, défini par la souveraineté. Cette théorie remonte à Nicolas

---

[1] Cf. par exemple Nederman C.J., « The Physiological Significance of the Organic Metaphor in John of Salisbury's Policraticus », in History of Political Thought, vol. 8, n0 2, 1987, pp. 211-223 ; Idem, « Body Politics : The Diversification of Organic Metaphors in the Later Middle Ages », in Il Pensiero politico medievale, no 2, 2004, pp. 59-87.

[2] Zanzi L., I « segni » della natura e i « paradigmi » della storia : il metodo del Machiavelli. Ricerche sulla logica scientifica degli « umanisti » tra medicina e storiografia, Lacaita, Manduria,1981 ; Sasso G., *Machiavelli* e gli antichi e altri saggi, Ricciardi, Milano-Napoli,1987 ; Garin E., *Lo* Zodiaco della vita. La polemica sull'astrologia dal Trecento al Cinquecento, Laterza, Roma-Bari,1976 ; Id., Machiavelli fra politica e storia, Einaudi, Torino, 1993.

Machiavel et Thomas Hobbes et Jean Bodin. Machiavel définit l'État comme un pouvoir central souverain qui soustrait l'action politique aux considérations morales et religieuses.[1] Thomas Hobbes essaie de produire une définition de l'État « à la manière dont les géomètres produisent la définition d'un objet »[2] : d'abord la détermination des conditions formelles de l'État, celles qui font que l'État soit ce qu'il est, ensuite la construction de l'État, par l'établissant, en faveur d'une convention entre les individus d'une autorité commune[3] représentée par le souverain (le souverain d'une multitude unie dans une personne). Hobbes définit l'État comme « une seule personne dont les actes ont pour auteur (...) chacun des membres d'une grande multitude, afin que celui qui est cette personne puisse utiliser la force et les moyens de tous comme il l'estimera convenir à leur paix et à leur défense commune »[4]. Cette figure fondamentale de la géométrie politique est fondée sur la souveraineté d'une personne artificielle qui a le pouvoir d'agir au nom de tous en tant que pouvoir d'État issu de la convention conclue entre des individus dont la diversité d'intérêts et l'opposition est plus forte que la sociabilité du genre humain.[5] Le souverain jouit d'un pouvoir absolu sur les hommes qui doivent renoncer à tous leurs droits, le pouvoir du souverain s'étendant sur

---

[1] Machiavelli N., *Il Principe*, Einaudi, Torino, 1961 ; Parel A.J., The Machiavellian Cosmos, Yale University Press, New Haven-London, 1992 ; Fischer M., Well-Ordered License. On the Unity of Machiavelli's Thought, Lenham, Lexington, 2000 ; Basu S., « In a Crazy Time the Crazy Come Out Well : Machiavelli and the Cosmology of His Day », in History of Political Thought, vol. XI, no 2, 1990, pp. 213-239.

[2] Hobbes T., *Léviathan*, coll. Folio Essais, Gallimard, Paris, 2001, p. 281.

[3] Idem, p. 287, p. 293.

[4] Idem, pp. 288-289.

[5] Hobbes T., *Léviathan*, *op. cit.*

tous. Le Léviathan représente une extraordinaire synthèse du nominalisme médiéval d'Ockham, de la théorie de la Réforme et de la notion de souveraineté absolue, indivisible et inaliénable proposée par Jean Bodin[1] qui avait inventé le concept de souveraineté[2]. Selon ce dernier, la souveraineté permet à l'État d'exercer son autorité à l'intérieur aussi bien qu'à l'extérieur. Mais le souverain absolu qu'annonce Bodin n'a pas vraiment un pouvoir absolu, car il se soumet à la loi naturelle. Contrairement à lui, Hobbes soutient que la promesse de se soumettre au souverain, c'est-à-dire le consentement constitue la souveraineté qui est alors perpétuelle, absolue et originairement démocratique.[3] Dans cette approche, l'État est caractérisé par sa souveraineté interne et externe, étant un Léviathan dont la fonction est de maintenir l'ordre dans la société dont il assure la direction. C'est une théorie positive de l'État, qui est « organique, institutionnelle, corporative »[4]. Avec Hobbes, une nouvelle définition de l'État fait son apparition : un souverain à l'origine des lois, qui a un pouvoir absolu sur les individus.

Maurice Hauriou affirme que l'État est une réalité historique, le produit d'une évolution caractérisée par un consentement coutumier qui lui garantit la durée et justifie le développement du droit. On retrouve chez Hauriou une préoccupation générale pour le social, pour le mouvement et pour le temps.[5] Dans *Principe de droit public* il avance deux éléments fondamentaux de la réflexion sur une théorie

---

[1] DeHart P.R., « Leviathan leashed: the incoherence of absolute sovereign power », in Critical review, vol. 25, no 1, 2013.

[2] Bodin J., *Les six livres de la République,* Jacques du Puys, Paris,1576 (*lire en ligne* [*archive*]).

[3] Hobbes T., *op. cit.*, p. 40.

[4] Hauriou M., *Principes de droit public à l'usage des étudiants en licence (3e année) et en doctorat ès-sciences politiques*, 2e éd., Sirey, Paris, 1916, Introduction, p. VII.

[5] Millard E., « Hauriou et la théorie de l'institution », in Droit et société, no 30/31, 1995, p. 389.

institutionnelle de l'État. Tout d'abord, il dit qu'on peut comprendre l'État si l'on fait une étude juridique de la simple personnalité juridique de l'État et donc de l'unité. Dans ce sens, il faut chercher, avant la personnalité juridique de l'État, avant la personne unitaire, le pluralisme et l'équilibre entre les diverses forces qui aboutiront à l'État. Avant même l'État, avant même la personnalisation juridique, il pouvait y avoir un équilibre, un pouvoir organisé, donc le droit. Ensuite, Hauriou démontre que le pouvoir ne s'oppose pas au consentement, constatant qu'il peut y avoir des phénomènes de pouvoir et, en même temps, un consentement de ceux visés par ce pouvoir, essayant alors de chercher ailleurs que dans le contrat social (le mythe fondateur) l'explication de l'État. En approfondissant la réflexion, il propose un modèle théorique qui ne concerne plus seulement l'État, mais s'applique à tout groupe organisé.

L'État est présenté comme une construction à partir de l'institution, le marché et le contrat. Le phénomène de l'État doit être considéré spécial, déterminé et limité : toutes les organisations politiques des nations ne méritent pas le nom d'État.[1] « Il n'y a État, au sens propre du mot, que lorsque, dans une nation, s'est instauré le régime civil, c'est-à-dire, lorsque le pouvoir politique de domination s'est séparé de la propriété privée, a revêtu l'aspect d'une puissance publique, et qu'ainsi s'est opérée une séparation de la vie publique et de la vie privée avec accompagnement d'organisation corporative. »[2] En étudiant l'État et le régime d'État, Hauriou dit qu'il est « un régime à la fois politique, économique et juridique, qui s'empare d'une nation, la métamorphose, lui impose une forme déterminée et devient le milieu d'existence des individus »[3]. Le régime

---

[1] Hauriou M., *op.cit.*, p. VIII.
[2] Ibidem.
[3] Idem, p. IX.

d'État est donc un phénomène historique de métamorphose nationale : il suppose une nation qui a sa population, son habitat, sa civilisation historique, ses organisations politiques et sociales primitives. Le but du régime d'État est le régime civil caractérisé par la séparation entre le pouvoir politique de domination et la propriété privée (confondus, dans les organisations spontanées antérieures au régime d'État). « L'État tend ainsi à devenir la personnification juridique de la nation »[1] : il n'est pas une personne morale préexistante qui organiserait la centralisation politique et juridique, mais, par contre, il est une centralisation préexistante qui s'organise en une personne morale corporative. Si le corps de l'État s'organise de soi, comme un ordre des choses, le besoin de liberté fait que ce corps de l'État tend à la personnification. Pour Hauriou, « l'État est la centralisation d'une nation en vue d'y instaurer le régime civil, par le moyen de l'organisation de la nation en une individualité corporative, sous l'action d'un pouvoir souverain, sous le régime d'une loi intérieure et sous la domination d'un statut »[2].

3.2.2 La théorie de l'État-service

Maurice Hauriou et Léon Duguit ont permis de penser les métamorphoses que l'État a connues à l'aube du XXe siècle, pouvant être appelés, bien que de manière un peu excessive, « les inventeurs de l'État »[3]. Léon Duguit représentant de l'école sociologique ou positiviste, propose la théorie de l'État-service dans laquelle l'État n'est plus caractérisé ni par souveraineté, ni par identification à un ordre juridique. Il est une coquille vide derrière laquelle se

---

[1] Idem, p. XIII.

[2] Idem, p. XIV.

[3] Blanquer J.-M., Milet M., *L'invention de l'État. Léon Duguit, Maurice Hauriou et la naissance du droit public moderne*, Odile Jacob, coll. « Histoire », Paris, 2015.

cachent les gouvernants (rien ne nous garantit qu'ils accepteront de limiter leur pouvoir pour se soumettre toujours et continuellement au droit). Ce qui justifie l'existence de l'État c'est le service public, l'État étant l'expression de la solidarité sociale. Les hommes, regroupés en sociétés, devinrent de plus en plus indépendants, indépendance accompagnée de la création de normes et, pour leur respect, de l'apparition de dirigeants. Pour Duguit, l'État n'est donc autre chose que l'émanation de la société et non pas la conséquence d'une quelconque souveraineté ou d'un ordre juridique préexistant.

Dans son ouvrage *L'État, le droit objectif et la loi positive*[1] il annonce qu'il veut « faire avant tout une œuvre négative, montrer que l'État n'est point cette personne collective, investie d'un pouvoir souverain, imaginé par l'esprit inventif des publicistes (…). »[2] Le nouveau droit constitutionnel de Duguit se veut purificateur, débarrassé de la « confusion métaphysique », des fantômes et fictions imaginés (la personnalité morale, la prétendue volonté nationale, la souveraineté et l'indivisibilité du corps national) pour justifier le pouvoir des plus forts dans l'État.[3] Pour élaborer une véritable science constitutionnelle, Duguit préconise l'obéissance à l'observation des faits : « Adaptons les théories juridiques aux faits, et non pas les faits aux théories juridiques »[4]. À la différence de la doctrine classique qui vénère le pouvoir primitif, créateur, inconditionnel de la souveraineté, Leon Duguit dit qu'« il y a un droit sans souverain et au-dessus du souverain », s'appuyant dans sa démonstration sur la théorie du « droit

[1] Duguit L., *L'État, le droit objectif et la loi*, Ancienne Librairie Thorin et Fils, Paris, 1901, rééd. Dalloz, Paris, 2003.
[2] Idem, p. 1.
[3] Duguit L., *Leçons de droit public général* (1ère éd. en 1926), rééditées par les éd. La Mémoire du Droit, Paris, 2000, p. 108.
[4] Duguit L., *L'État, le droit objectif et la loi positive*, *op. cit.*, p. 241.

objectif » et sur l'idée que toute règle de droit tire sa validité et sa force obligatoire de sa conformité au droit objectif[1], niant ainsi purement et simplement le droit subjectif (la volonté du souverain, fondement du droit public classique). La règle naît des liens de solidarité, de la loi sociale à laquelle l'homme est soumis en tant que membre de la société. « Ce qui fait la règle de droit n'est pas, à proprement parler, l'existence d'une sanction sociale organisée, mais la réaction sociale que provoque la violation d'une telle règle et surtout cette idée qui pénètre profondément la conscience collective, que la sanction d'une telle règle peut et doit être socialement organisée. »[2]

L'idée fondamentale de Duguit est que « l'État est subordonné à une règle supérieure à lui-même, qu'il ne crée pas et ne peut pas violer »[3]. Cette limitation de l'État par le droit doit être admise, quel que soit le fondement que l'on donne au droit : ce qui est essentiel c'est « qu'il y a une règle de droit supérieure à l'autorité publique, qui vient la limiter et lui imposer des obligations »[4]. Par cela il s'oppose aux théories qui disent que l'État fait le droit, qu'il n'est pas limité par ce dernier ou qu'il n'est limité que dans la mesure qu'il se fixe. « Le droit sans la force est impuissant. Mais la force sans le droit est une barbarie. »[5] Dans sa conception, cette force doit être dirigée et limitée par le droit, devant être arrêtée et supprimée chaque fois qu'elle intervient pour accomplir un but contraire au droit. On affirme ainsi la subordination de l'État à un droit supérieur à lui. L'évolution de sociétés modernes se produit dans le sens de l'effort de trouver les meilleurs moyens de protéger les

---

[1] Idem, p. 11.

[2] Duguit L., *Traité de droit constitutionnel*, Ancienne Librairie Fontemoing, Paris,1923, p. 550.

[3] Idem, p. 547.

[4] Idem, p. 518.

[5] Idem, p. 519.

gouvernés contre l'arbitraire des gouvernants par une sanction préventive du droit qui s'impose à l'État et en limite son pouvoir. Il s'agit du « principe de légalité »[1] et du principe de l'existence d'une juridiction formellement organisée, reconnue comme imposant son respect tant aux gouvernants qu'aux gouvernés. Il poursuit, en insistant sur le fait qu'il faut reconnaître qu'« il peut exister à tout moment des principes de droit supérieurs à l'État, qui ne sont formulés ni dans les déclarations des droits, ni dans les lois constitutionnelles et qui, bien que non écrits, obligent l'État tout aussi rigoureusement comme s'ils étaient solennellement proclamés »[2]. Comme on vient de le voir, pour Duguit l'État n'est que parce qu'il a des fondements sociologiques, se définissant par la distinction entre les gouvernants et les gouvernés, étant un pur produit de la force, un fait de domination dont le droit ne peut que constater l'existence, et non la créer.

3.2.3 La théorie de l'État de droit

Hans Kelsen est celui qui propose, en faveur du positivisme juridique, la théorie de l'État de droit. Pour lui, ce n'est pas l'État qui produit le droit, mais l'ordre juridique (c'est-à-dire la hiérarchie des normes) produit l'État qui ne serait plus alors que l'émanation du droit qui limiterait son pouvoir arbitraire. Il n'est plus défini par sa souveraineté (comme dans la théorie de l'État-autorité), mais par son identification à un ordre juridique et sa soumission au droit.

Kelsen remarque le dualisme entre l'État et le droit qui marque la doctrine traditionnelle de l'État qui parvient à présenter l'État comme différent du droit et, pourtant, « être de droit », construit comme un sujet de droits et obligations, donc comme une personne à qui on attribue une existence

[1] Idem, p. 551.
[2] Idem, p. 556.

indépendante de l'ordre juridique.[1] Ce dualisme n'a pour Kelsen qu'une fonction idéologique visant à renforcer l'autorité de l'État, et non à élucider l'essence même de l'État.[2] Le droit ne peut être vu comme légitimant l'État qu'en présentant ce dernier comme une personne différente du droit. Ce n'est que dans des conditions de stricte extranéité des deux ordres, juridique et étatique, qu'une limitation effective de l'État par le droit peut être conçue.[3]

Kelsen constate qu'usuellement l'État est défini comme une organisation politique, or cette dernière est caractérisée par le fait qu'elle est un ordre de contrainte, ce qui nous amène à considérer que l'État, en tant qu'organisation politique, est un ordre juridique, précisément cet ordre juridique qui se distingue de l'ordre juridique primitif ou super-étatique par sa relative centralisation.[4] Pour Kelsen, l'État n'est rien d'autre que la personnification d'un ordre de contrainte relativement centralisé, donc d'un ordre juridique. On comprend ainsi que le dualisme entre l'État et le droit n'est que la résultante de l'hypostase de la personnalité juridique de l'État qui dissout le dualisme entre l'État et le droit, transformant la formule « État de droit » en pléonasme, car tout État est nécessairement un ordre juridique.[5]

Si, selon la définition classique de l'État, il est « une entreprise politique de caractère institutionnel lorsque et tant que sa direction administrative revendique avec succès dans l'application des règlements le monopole de la contrainte physique légitime »[6], pour Kelsen il n'est plus

[1] Kelsen H., *Théorie pure du droit*, Bruylant, LGDJ, Bruxelles, Paris,1999, p. 288.
[2] Idem, p. 289.
[3] Idem, p. 288.
[4] Idem, p. 289.
[5] Idem, p. 319.
[6] Troper M., « Le monopole de la contrainte légitime - Légitimité et légalité dans l'État moderne », in Ligne, no 25, 1995, p. 34.

caractérisé par le monopole de la contrainte légitime, mais par le monopole de la contrainte tout court, sans autre qualification[1]. Ce qui caractérise la forme juridique de l'État c'est sa structuration dans une hiérarchie statique et dynamique qui valide et justifie une décision si elle semble être prise par une autorité habilitée à cet effet par une autorité supérieure et selon une décision qui a un caractère plus général qu'elle-même et qui émane d'une autorité supérieure à elle.[2] Chez Kelsen, « on peut parler de l'État quand on est en présence d'un ordre juridique relativement centralisé »[3], s'agissant d'un ordre normatif qui fonde la collectivité sociale (l'État), ordre qui ne peut être qu'un « ordre de contrainte relativement centralisé »[4].

Raymond Carré de Malberg cherche à transposer en France cette théorie allemande de l'État de droit par l'introduction du contrôle juridictionnel de l'État qui fait l'État respecter le droit par le respect de la hiérarchie des normes. Il postule que le droit émane de l'État, qui est souverain et autolimité. L'État est donc le détenteur du pouvoir normatif primitif, ce qui implique l'unité de l'ordre juridique et le caractère formel de la règle de droit qui est créée, mais aussi sanctionnée par l'État : le droit « est la règle qui, dans un État social déterminé, s'impose au respect des individus à raison de la sanction dont l'ont assorti les autorités organiquement constituées pour l'exercice de la puissance publique »[5] ; l'État est une existence de droit dans laquelle se résume abstraitement la

[1] Idem, p. 35.

[2] Troper M., « Le titulaire de la souveraineté », in Troper M., *La théorie du droit, le droit, l'État*, PUF, 2001, pp. 283-298.

[3] Popa N., Dănişor GH., Dogaru I., Dănişor D.C., *Filosofia dreptului. Marile curente*, ed. a 3-a, C.H. Beck, Bucureşti, 2010, p. 366.

[4] Kelsen H., *Théorie pure du droit*, *op. cit.*, p. 281-282.

[5] Dubouchet P., *La* pensée juridique avant et après le Code civil, L'Hermès, Lyon, 1998, p. 269, citant C. de Malberg.

collectivité nationale[1]. L'État est défini par le juriste français comme « une communauté d'hommes, fixée sur un territoire propre et possédant une organisation d'où résulte pour le groupe respectif dans ses rapports avec ses membres une autorité suprême d'action, de commandement et de coercition »[2], en soulignant ainsi la double acception de la notion d'État : mode d'organisation social territorialement défini et ensemble d'institutions caractérisées par la détention du monopole de l'édiction de la règle de droit et de l'utilisation de la force publique. Selon lui, « l'État et la nation ne sont, sous deux noms différents, qu'un seul et même être. L'État est la personne abstraite où se résume et s'unifie la nation »[3], et une communauté nationale « n'est apte à former un État qu'autant qu'elle possède une surface de sol sur laquelle elle puisse s'affirmer comme maîtresse d'elle-même et indépendante »[4].

Du point de vue juridique, l'État est une construction juridique faite afin d'accomplir les buts du peuple, indépendamment des individus qui agissent en son nom[5]. Il en résulte que ce sont les éléments « formels » et non pas les éléments « matériels » qui sont au centre de l'attention ; l'État est une représentation de l'esprit ou, comme disait Carré de Malberg, l'État est une coexistence de droit où se résume abstraitement la collectivité nationale ; l'État est

---

[1] Cité par Deleanu I., *Drept constituţional şi instituţii politice*, Ed. Chemarea, Iaşi, 1996, p. 8 ; Carré de Malberg R., *Confrontation de la théorie de la formation du droit par degrés avec les idées et les institutions consacrées par le droit positif français relativement à sa formation*, Dalloz, Paris, 2007, p. 214 ; Carré de Malberg R., *Contribution à la théorie générale de l'État*, C.N.R.S. Éditions, Paris, 1985, p. 1530 ; Carré de Malberg R., *La Loi, expression de la volonté générale,* Economica, Paris, 1984.

[2] Carré de Malberg R., Contributions à la théorie générale de l'État, *op. cit.*, pp. 67-68.

[3] Idem, p. 332.

[4] Idem, p. 3.

[5] Dănişor D.C., *Drept constituţional...*, *op.cit.*, 1997, p. 20.

une personne morale ou juridique; les engagements de l'État, dans les conditions du changement des titulaires du pouvoir, subsistent ; les États sont égaux ; l'État a la possibilité d'avoir un patrimoine, propre, d'acquérir des droits et de s'assumer des obligations.[1]

Lorsqu'il définit le concept d'*État de droit*, R. Carré de Malberg vise moins à examiner le système concret de l'État et de son fonctionnement, et plus à décrire le concept, sa logique et ses spécifications[2], prescrivant les conditions du perfectionnement d'un État de droit en France[3], restant tributaire au postulat de limitation de l'État par le droit et le système juridique français[4].

Cette forme d'analyse discursive soulève de nombreuses questions que l'étude concrète du concept d'*État* puisse éclaircir. L'État fait partie de ce que C. Eisenmann a appelé « des concepts de doctrine » ou de « classification théorique », créés et utilisés par les théoriciens du droit pour connaître

---

[1] Cité par I. Deleanu, *Drept constituţional şi instituţii politice*, *op. cit.*, p. 8.

[2] Voir R. Carré de Malberg, *Contribution à la théorie générale de l'État*, *op. cit.*, p. 489 et s. Ce point de vue interne cognitif est bien illustré par l'examen des relations entre l'État de droit et l'État de police et l'État légal.

[3] Voir Carré de Malberg R., *La loi, expression de la volonté générale*, *op. cit.*, spécialement la conclusion, p. 215 et s. Cet aspect normatif de la doctrine de Carré de Malberg constitue une entorse aux principes du positivisme dont il se réclame.

[4] La critique de l'État légal développée par Carré de Malberg vise moins à rompre radicalement avec le système juridique français et plus à le perfectionner : les mécanismes constitutionnels qu'il propose sont destinés à anéantir la souveraineté parlementaire et à donner à la volonté générale un rôle actif dans l'élaboration de la loi. Malgré sa dimension critique, le concept d'État de droit permet ainsi à Carré de Malberg de rationnaliser le système juridique, en essayant de lui remettre le principe de « la loi expression de la volonté générale », la place qui lui revient pouvant être considérée comme développant un point de vue interne normatif.

et analyser les phénomènes juridiques[1]. Devant être centré sur le métalangage du droit, surtout sur les « propositions de droit » formulées par la doctrine juridique, l'étude de tels concepts peut s'appuyer sur le droit, avec les apports significatifs de la langue.[2]

---

[1] Eisenmann C., *Quelques problèmes de méthodologie des définitions et des classifications en science juridique*, A.P.D., 1966, p. 29 ; selon lui, les principaux concepts de la théorie politique ou constitutionnelle (la souveraineté, la démocratie, l'État) sont des concepts de ce type, en existant aussi des concepts contenus dans une « source du droit positif » (p. 26 et s.), à l'intersection du langage et du métalangage du droit.
[2] Sur la distinction « propositions de droit » / normes juridiques, voir Kelsen H., *Théorie pure du droit*, *op. cit.*, p. 51.

4 Le discours juridique relatif à l'État de droit

L'État de droit est la force et les limites d'un mythe, étant un concept en permanent débat doctrinaire et politique.[1] Soutenu par des personnes, gouvernements et organisations de tout le monde, idéal et aspiration globale, fondement des systèmes nationaux politiques et juridiques, devenu et reconnu par le droit comme composante fondamentale des relations internationales[2], il est un concept extrêmement ambigu et, cependant, il arrive être considéré un postulat, un axiome dont la validité n'exige aucune démonstration[3].

Depuis l'origine, la doctrine de l'État de droit s'est située à plusieurs niveaux qui ont connu d'interférences et de glissements constants. Premièrement, l'État de droit renvoie à une certaine conception de l'ordre juridique étatique : la soumission des gouvernants à la loi, assortie de la garantie d'un recours possible devant un juge indépendant. On affirme ainsi le principe de la hiérarchie des normes : l'État de droit sera d'autant plus développé que les divers organes de l'État seront tenus à respecter les normes supérieures. Le niveau plus profond auquel le problème de l'État de droit peut se poser suppose la soumission de l'État au droit en trouvant un principe de limitation subjective et objective de l'État qui interdit toute possibilité d'arbitraire étatique. À ce niveau, le problème de l'État de droit ne peut être dissocié de celui de la nature même de l'État. Le troisième niveau suppose la caractérisation de l'État de droit par un certain contenu du droit en vigueur qui s'appuie sur un ensemble de valeurs et de principes qui visent à assurer aux citoyens des garanties

[1] Chevalier J., *Statul de drept*, *op. cit.*, p. 148.

[2] *Statul de drept. Un manual pentru politicieni*, publié par l'Institut Raoul Wallenberg pour les droits de l'homme et le droit humanitaire, l'Institut de La Haye pour l'internationalisation du droit, 2012, p. 5.

[3] Dănişor D.C., *Drept constituţional şi instituţii politice*, *op. cit.*, p. 160.

effectives contre l'État.[1] Puisqu'il trouve le principe, le but et la détermination dans l'individu concret, l'État de droit ne saurait être réductible à un simple dispositif technique d'aménagement de l'ordre juridique. Dans ce sens, tout progrès dans la défense et la protection des droits de l'homme doit être assimilé à une ouverture vers l'État de droit[2].

Dans la littérature juridique de spécialité on a donné de nombreuses définitions à l'*État de droit*. Le concept d'État de droit a été forgé dans l'Europe continentale. L'expression *Rechtsstaat* apparaît pour la première fois dans la terminologie juridique allemande, au XIXe siècle, ensuite dans la doctrine française sous la forme *l'État de droit*, forme qui a été généralisée dans différentes terminologies propres aux langues qui l'ont traduite : *Estado de derecho* en espagnol, *Stato di dirito* en italien, *stat de drept* en roumain, etc. La source de la théorie juridique de l'État de droit est, selon les spécialistes, la philosophie kantienne selon laquelle la contrainte transforme l'état précaire des libertés subjectives en État de droit[3].

La force politique du droit consiste justement dans le fait que l'État de droit est celui qui met à la disposition de ses sujets l'instrument juridique nécessaire à sa propre contestation. L'État de droit est actif sur deux fronts, en servant, d'une part, à l'exercice des pouvoirs (même jusque dans ses manifestations les plus violentes) et, d'autre part,

---

[1] Chevalier J. , *Statul de drept*, *op. cit.*

[2] Dănişor D.C., *Drept constituţional...*, *op. cit.*, pp. 140-141.

[3] Rigaux Fr., *Introduction à la science du droit*, Edition Vie Ouvrière, Bruxelles, 1974, p. 40 ; Von Ihering R., *L'évolution du droit*, traduit sur la 3e édition allemande par O. de Meulenaere (1901), Hachette livre BNF, Paris, 2014; Laband P., *Droit public de l'Empire allemand*, trad. de C. Gandilhon, Imprimerie Bussière, Paris, 1901.

en mettant les formes, procédures, même le lexique dans l'exercice des contre-pouvoirs[1].

Concernant le concept d'*État de droit*, il ne peut être considéré seulement comme l'un des voiles jetées sur les rapports de production propres à la société capitaliste, car il est, en même temps, « un concept juridique et un paradigme fondateur de la doctrine publiciste, élaboré par des théoriciens du droit qui entretiennent une certaine autonomie tant à l'égard du champ social, que des autres branches du savoir »[2].

L'analyse du concept d'*État de droit* d'un point de vue interne cognitif suppose, d'une part, une définition (qui détermine les caractères communs à certains objets) et, d'autre part, une extension (la classe d'objets regroupés parce qu'ils possèdent les mêmes caractères). D'un point de vue interne normatif[3], l'analyse peut se traduire par toute une série d'interrogations (quelles modifications doit-il

---

[1] Voir spécialement les notions de « scènes controversées » et de « registres d'argumentation » utilisées par R. Melot pour saisir cet aspect des fonctions sociopolitiques du droit avec une parfaite illustration d'un cas particulier du droit administratif français, in Caillosse J., La constitution imaginaire de l'administration, PUF, Paris, coll. « Les voies du droit », 2008.

[2] Loiselle M., « L'analyse du discours de la doctrine juridique : l'articulation des perspectives interne et externe », in CURAPP (éd.), *Les méthodes au concret. Démarches, formes de l'expérience et terrains d'investigation en science politique*, Paris, PUF, 2000, p. 196.

[3] Pour la distinction perspective interne / perspective externe, voir Leader S., in Arnaud A.-J. (dir.), *Dictionnaire encyclopédique de théorie et de sociologie du droit*, Scientia, LGDJ, Paris, 1988, p. 312, où « la première se réfère à une distinction entre les causes qui résident à l'extérieur du système et les raisons d'une certaine interprétation d'une règle à l'intérieur du système ; tandis que la deuxième distinction renvoie à deux modes selon lesquels les valeurs sont reçues au sein du système, la perspective interne montre une approbation des valeurs, tandis que la perspective externe normative manifeste le rejet et la neutralité par rapport à ces valeurs de la part de l'observateur ».

subir le système d'un certain État pour qu'il puisse être considéré pleinement un État de droit ou une démocratie ?) qui permettent de prescrire certaines modifications du droit positif. D'un point de vue interne savant[1], cette analyse permet de mieux comprendre le mode dont on définit les notions, de saisir leur signification et leur force théorique et, de plus, contribue à l'amélioration du travail de classification et de systématisation du droit. L'histoire de la doctrine publiciste est pleine d'exemples qui éclaircissent cette perspective. L'analyse interne du concept d'*État de droit* a permis la pénétration du problème de la limitation juridique de l'État, en clarifiant le rapport fondamental qui unit l'État et le droit, et une meilleure perception de la spécificité des concepts doctrinaires.[2] La perspective externe semble favoriser la connaissance scientifique des concepts de doctrine, tendant à les réduire à de simples épiphénomènes des circonstances extérieures d'ordre social, politique ou économique.[3]

---

[1] Ost F., Van de Kerchove M., *Jalons pour une théorie critique du droit*, Publications des Facultés Universitaires Saint-Louis, Bruxelles, 1987, p. 46, pour lesquels ce point de vue n'est que l'apanage de la doctrine, qui ne comprend que de descriptions (Idem, p. 44-45). Cependant, les analyses par lesquelles la dogmatique juridique clôt la signification de certains concepts peuvent, sous la forme d'une simple description, avaliser « les postulats pratiques sous-jacents des phénomènes relatés » (Idem, p. 47). Cf. les remarques de Troper M., « La théorie dans l'enseignement du droit constitutionnel », in R.D.P., no 2 , 1984, p. 271.

[2] Comme le rappelle M. Troper dans *Sur la théorie juridique de l'État* (Le Débat, no 74, mars-avril 1993, pp. 91-92), la juridicité des concepts est fondée sur au moins deux critères, dégagés par Jellinek : l'absence de la réalité naturelle qui corresponde au concept respectif et l'existence d'un but pratique pour lequel il a été défini. M. Troper considère qu'à ces deux concepts on doit ajouter aussi d'autres critères.

[3] Les concepts apparaissent, dans cette perspective, moins comme les instruments de la connaissance juridique ou les vecteurs des débats doctrinaires, et plus comme les contenus de la pensée déterminés par des causes externes, nu cognitives, ni doctrinaires.

Il y a aussi un autre type de démarches, celles qui substituent une explication compréhensive à la compréhension explicative, courants rencontrés dans les sciences sociales. L'avantage de ce type de démarche qui vise l'explication des pratiques et discours juridiques par le fonctionnement du champ du droit, est qu'il prend pour objet la science juridique, telle qu'elle est conçue par les juristes[1], et l'explique en la ramenant aux rapports de force qui structurent le champ juridique et à son rôle dans le maintien de l'ordre social. Ost et Van de Kerchove suggèrent l'adoption d'un « point de vue externe modéré », c'est-à-dire un « point de vue de l'observateur externe qui se réfère au point de vue interne des juristes »[2], posture qui permet au chercheur d'opérer une rupture épistémologique par rapport à son objet, en lui fournissant ainsi les bases d'une théorie explicative. C'est la perspective retenue par Jacque Chevalier qui, après avoir rejeté la possibilité d'une perspective interne, tente à démêler les significations historiques du concept d'*État de droit* en le comprenant comme « une construction théorique, une machinerie conceptuelle qui, tenant à l'ordre des représentations, est, comme telle, l'expression d'une certaine réalité socio-politique, ayant, en même temps, en retour, des effets sur cette réalité : il s'agit, dans cette perspective, non de poser une nouvelle pierre à l'édifice, mais d'analyser d'un point de vue réflexif et critique les différentes mises de toutes sortes (...) sous-jacentes à sa production, et d'évaluer son

[1] Bourdieu P., « La force du droit. Eléments pour une sociologie du champ juridique », in Actes de la Recherche en Sciences Sociales, no 64, 1986, p. 3.

[2] Ost F., Van de Kerchove M., « De la «bipolarité des erreurs» ou de quelques paradigmes de la science du droit », in A.P.D., t. XXXIII, 1988, p. 180; Idem, « De la scène au balcon. D'où vient la science du droit ? », in Chazel F., Commaille J. (dir.), *Normes juridiques et régulation sociale*, LGDJ, Paris, 1991, p. 73.

impact sur les équilibres institutionnels à travers les acteurs politiques »[1].

4.1 LA DÉFINITION DE L'ÉTAT DE DROIT, *RULE OF LAW*, DANS LA VERSION ANGLAISE DU CONCEPT

Rule of law est la version anglaise de l'État de droit, concept qui s'est défini progressivement dans les conditions des mentalités différentes de celles continentales-européennes. Avec le sens de « règne de la loi », l'expression *Rule of low* date depuis Henri VI, mais les premiers témoignages écrits la placent à la fin du XVIe siècle, dans la dynastie des Tudor. Comme « gouvernement ou règne de la loi », selon F. A. Hayek, le concept apparaît en 1600 dans la traduction de l'œuvre de Tite Live *Ab urbe condita* où l'expression latine « *imperia legum potentiora quam hominun* » se traduit en anglais par « *the authority and rule of law, more powerful and mighty than those of men* »[2].

L'État de droit revendique son plus important précédent théorique dans l'œuvre de John Locke, qui le conçoit comme un ordre juridique où les garanties et les droits individuels posent des barrières à l'exercice du pouvoir de l'État. Dans le *Second traité du gouvernement*[3] de 1690, le philosophe considère la liberté et la loi inséparables : vivre sous le gouvernement de la loi signifie vivre en tant qu'homme libre, car là où il n'y a pas de loi, il n'y a pas de liberté.[4]

L'un des principaux théoriciens de la *Rule of law* de la fin du XIXe siècle est Albert Dicey pour lequel la *Rule of law* se caractérise par la suprématie absolue du droit,

---

[1] Chevalier J., *Statul de drept, op. cit.*, p. 11.
[2] Hayek F.A., *Constituţia libertăţii*, Institutul European, Iaşi, 1993, p. 185.
[3] Locke J., *Al Doilea Tratat Despre Cârmuire*, Nemira, Bucureşti,1999.
[4] Idem, p. 137.

opposé au pouvoir arbitraire et discrétionnaire, et par la soumission de l'État au même régime juridique et juridictionnel que ses citoyens et, finalement, par la prééminence des droits des particuliers déterminés par les tribunaux, comme fondement du droit public.[1]

Selon Dicey, *Rule of low* signifie « la garantie accordée aux droits des individus sous l'empire de la Constitution anglaise »[2], sa définition du concept constituant un véritable idéal normatif : « Rule of law signifie premièrement suprématie ou prééminence absolue du droit véritable - valide (*regular law*), opposé à l'influence d'un pouvoir arbitraire ; Rule of law exclut l'existence de l'arbitraire et même du pouvoir discrétionnaire étendu jusqu'au Chef du gouvernement. Les Anglais sont gouvernés par la loi et rien que la loi. Chez nous, un homme peut être puni pour la violation de la loi, mais pour rien d'autre »[3].

Dicey oppose donc premièrement la *Rule of law* à l'exercice d'un pouvoir arbitraire ou largement discrétionnaire de l'administration, affirmant que personne ne peut être puni que pour la violation d'une loi largement adoptée et interprétée par les tribunaux ordinaires. Il ne se pose donc le problème d'un pouvoir exécutif inhérent. L'administration n'a que les pouvoirs que le droit lui attribue expressément, la soumission de l'administration au droit constituant, pour Dicey, une garantie contre

---

[1] Cf. Dicey A.V., *Introduction to the Study of the Law of the Constitution* (1885), MacMillian, London, 9e éd., 1950, p. 188 et s. Dicey distingue clairement la *rule of law*, principe qu'il considère spécifiquement anglais, du régime français du droit administratif fondé sur la prééminence de l'État et la séparation des pouvoirs.

[2] Dicey A.V., *Introduction to the Study of the Law of the Constitution*, 10e éd., MacMillan et Co. Ltd., London,1961, p. 107.

[3] Idem, p. 120.

l'arbitraire, permettant au citoyen de prévoir les conséquences juridiques de ses actes[1].

La prééminence du droit garantit l'égalité devant la loi appliquée par les tribunaux ordinaires : aucun homme n'est au-dessus de la loi et, de plus, chacun, quel que soit son rang ou sa condition, est soumis à la loi et à la juridiction des tribunaux ordinaires.[2] Aucune dispense générale n'est accordée à l'exécutif ou à ses agents, les tribunaux de droit commun étant habilités à connaître même des litiges qui mettent en cause une autorité étatique. Les droits fondamentaux ne font eux non plus l'objet d'une constitution formelle, mais ils sont plutôt protégés par la loi ordinaire du pays. Pour Dicey, la « constitutionnalisation » des droits représente leur « désincarnation » et signifie inverser la cause à l'effet, figer ce qui doit rester dynamique.[3] Du point de vue institutionnel, la *Rule of law* s'identifie à la figure du *juge* dont Dicey fait l'apologie dans ses écrits.

Partant de la définition donnée au concept de *Rule of law* comme sécurité que la constitution anglaise donne aux droits individuels, Dicey oppose le modèle de la *common law* au modèle de droit fondé sur les constitutions écrites. Selon Dicey, la conception sur la *Rule of law* est fondée sur trois éléments : personne ne peut être puni ou reconnu coupable que conformément à une infraction prévue par la loi et selon des procédures légales devant les tribunaux ; toutes les personnes sont égales devant la loi quels que soient les considérants de rang ou de fortune ; les principes généraux de la constitution émanent des tribunaux relativement aux cas particuliers. Les conséquences de cette

---

[1] Wade E.C.S., Phillips G., *Constitutional Law*, 8e éd., Longman, London, 1970, p. 69.

[2] Dicey A.V., *Introduction to the Study of the Law of the Constitution*, *op. cit.*, p. 193.

[3] Idem, p. 203.

conception en sont : exclure le pouvoir arbitraire et la mise d'un large pouvoir discrétionnaire aux mains des agents publics ; l'égalité devant le droit, traduite par l'existence d'un seul ordre de juridiction qui connaît de toutes les affaires, qu'elles concernent les particuliers ou les Couronnes ; le fait que les droits et libertés des individus n'ont besoin d'être prévus dans un texte spécifique, mais qu'ils en découlent de la législation ordinaire et des principes de la *common law*.[1]

4.1.1 Le modèle formel de la *Rule of law*

Le modèle formel de la *Rule of law* est lié aux noms des auteurs Herbert Hart, Lon Fuller et Joseph Raz, mieux mis en valeur par le dernier, qui prétend la soumission du pouvoir à la loi, une loi qui respecte certains critères formels sans quoi elle ne remplissait pas sa fonction d'organisateur de la vie en société. Raz qualifie le concept formel d'« idéal politique »[2], vertu qu'un système juridique détient plus ou moins. Il dresse une liste (incomplète) des critères formels, en affirmant qu'on pourrait en ajouter d'autres principes. Parmi les critères proposés par Raz on rappelle : le caractère prospectif, public et clair des lois ; leur relative stabilité leur caractère général ; l'indépendance de la justice ; le respect des principes de la justice naturelle (le droit à un procès équitable, l'existence d'un juge impartial, le principe du contradictoire) ; le droit des juges de contrôler le respect de ces principes ; le libre accès à la justice.[3] La *Rule of law*

---

[1] Idem, spécialement Chapitre XII : « Rule of Law compared with Droit administratif », pp. 328-405.
[2] Raz J., « The Rule of law and its Virtute », in Law Quarterly Review, 1977, p. 266.
[3] Idem, p. 195.

devient, selon Raz, une *Rule of good law* (l'État de droit juste).[1]

4.1.2 Le modèle matériel de la *Rule of law*

Le concept de *Rule of law* est approché d'une manière substantielle par les libéraux Roland Dworkin et Trevor Allan. Ils inversent la priorité entre le principe de la souveraineté et celui de la *Rule of law*. Le noyau de la philosophie juridique de Dworkin[2] est constitué par la prétention, même la croyance que les juges appliquent à chaque affaire exclusivement un droit déjà existant sous la forme de normes générales et abstraites.[3] C'est le corolaire de la doctrine de la *Rule of law* (le gouvernement de la loi), autrement dit du principe de légalité dans la fonction juridictionnelle. Le but de la philosophie de Dworkin est la défense de la *Rule of law*, but qu'il réalise par l'analyse des cas douteux, spécialement par la doctrine de « complétude »[4] ou de « complétabilité » du droit.[5] Les principes sont, selon notre auteur, ceux qui ont pour fonction de couvrir les lacunes de la loi[6] : « l'ordre juridique

---

[1] Ohnesorge J.K.M., « État de droit (rule of law) et développement économique. L'étrange discours des institutions financières internationales », in Critique internationale, vol. 18, no 1, 2003, pp. 46-56.

[2] Dworkin R., *Political Judgesand the Rule of Law*, British Academy, 1980, pp. 261-264 et Idem, *The Forum of Principle*, Harvard University Press, Cambridge, 1985.

[3] Hart H.L.A., « American Jurisprudence through English Eyes: The Nightmare and the Noble Dream », in Georgia Law Review, vol. 11, 1977.

[4] Le pouvoir du système juridique de fournir une et seulement une solution pour un problème de droit donné ; le juriste moderne doit avoir une réponse à tout.

[5] Guastini R., « Théorie et ontologie du droit chez Dworkin », in Droit et Société, no 2, 1986, p. 17.

[6] Dworkin R., « The Model of Rule I », in *Taking Rigts Seriously*, London, Duck-worth London, 1978, p. 35 et s.

ne se compose pas seulement de règles, mais aussi de principes qui, dans des cas difficiles, orientent l'application ou l'interprétation des règles vers la solution juste en droit »[1]. Le droit est, selon lui, une discipline interprétative.[2] Le modèle du droit-intégrité « est la vision de la chaîne du droit où chaque participant actif, voire créatif se trouve dans une relation de véritable partenaire avec les auteurs précédents »[3], l'exigence qui s'impose étant l'intégration de la décision dans un ensemble plus large qui la dépasse.

Comme Dworkin, Trevor Allan[4] situe la démocratie sur un socle de valeurs et de principes, en la comprenant comme une forme de gouvernement qui doit s'inscrire « dans une communauté de principes » pour ne pas déboucher à la tyrannie, à la barbarie ou au totalitarisme.[5] Il affirme l'universalité de la *Rule of law*[6], expression sous laquelle se cache « un amalgame de standards, d'attentes et de désirs »[7]. Dans ce sens fondamental, « en l'absence d'une loi constitutionnelle supérieure proclamée par une Constitution écrite et vénérée comme source d'autorité

---

[1] Frydman B., *Le sens des lois*, LGDJ, Bruylant, Paris, Bruxelles, 2007, p. 645.

[2] Dworkin R., *L'empire du droit*, PUF, Paris, 1994 et Idem, *Une question de principe*, PUF, Paris, 1996.

[3] Dănişor D., *Interpretarea codului civil. Perspectivă jurilingvistică*, C.H. Beck, Bucureşti, 2015, p. 37.

[4] Allan T.R.S, *Law, Liberty, and Justice. The Legal Foundations of British Constitutionalism*, Oxford Clarendon Press, Oxford, 1993, p. 21 ; Allan T.R.S., *Constitutional Justice. A Liberal Theory of the Rule of Law*, Oxford University Press, Oxford, 2003, p. 283.

[5] Allan T.R.S., *Law, Liberty and Justice. The Legal Foundation of British Constitutionalism*, *op. cit.*, p. 12.

[6] Mockle D., « Le débat sur les principes et les fondements du droit administratif global », in Les Cahiers de droit, vol. 53, no 1, 2012, p. 65.

[7] Allan T.R.S., *Law, Liberty and Justice. The Legal Foundation of British Constitutionalism*, *op. cit.*, p. 20.

juridique unique, la *Rule of law* sert en Grande Bretagne comme une forme de Constitution »[1]. Ainsi il veut accorder au concept de *Rule of* law un rôle prioritaire par rapport au principe de souveraineté, élargissant en même temps les prérogatives des juges vus comme médiateurs entre les gouvernants et les gouvernés, défenseurs vigilants des droits de l'individu.

4.2 La conception allemande du *Rechtsstaat*

Le concept d'« État de droit » apparaît pour la première fois, au sens strict, dans la doctrine allemande du XIXe siècle qui utilise le terme de *Rechtsstaat.* On parle ainsi même du caractère spécifiquement allemand de la notion.[2] Le premier l'ayant utilisé de manière systématique, bien qu'on puisse signaler même avant lui quelques précédents, fut Robert von Mohl[3]. Reprenant la théorie de l'autolimitation de Hobbes, la notion d'État de droit chez Mohl fait référence à l'État rationnel (*Verstandesstaat*), type d'État dont le fondement est la garantie de la plus grande liberté des citoyens à travers les institutions du droit, spécialement par la limitation constitutionnelle du domaine du pouvoir de l'État, en assurant aux citoyens, en même temps, les instruments et leur garantissant l'élimination des obstacles externes en vue de l'épanouissement de leurs libertés[4], spécialement par la limitation constitutionnelle du domaine du pouvoir de l'État. Le but de l'État de droit est

---

[1] Idem, p. 4.

[2] Von Stein L., *Die Verwaltungslehre*, t. 1, Cotta, Stuttgart, 1865, p. 297.

[3] Homme politique et théoricien libéral de l'époque de Vormarz - c'est-à-dire le mouvement politique qui a précédé la révolution de 1848.

[4] Cf. surtout Von Mohl R. , *Die Polizei-Wissenschaft nach den Grundsätzen des Rechtsstaates* (1832), H. Laupp, Tübingen, 3e éd., 1866, vol. I, p. 4 et s. et p. 324 ; le terme apparaît dans le titre même de cet ouvrage.

d'« ordonner la vie en commun du peuple de telle manière que chaque membre soit soutenu et encouragé dans l'exercice et le libre et plein emploi de ses facultés », car « dans un État de droit la liberté du citoyen constitue le principe fondamental suprême »[1]. Les droits individuels sont protégés dans cette vision contre toute atteinte non-autorisée par le droit, l'État de droit n'ayant d'autre devoir que la protection de la propriété et des autres droits légitimes de ses citoyens « contre les violences d'autres personnes privées » ou de l'État lui-même qui doit « s'abstenir à de tels préjugés ». C'est la Constitution (la loi fondamentale) qui doit garantir, dans la mesure où l'État ne connaît pas ce devoir, les droits des citoyens contre l'État et trouver « une mesure de protection contre cette méconnaissance »[2]. La théorie de Mohl représente une synthèse entre les exigences de l'État de police (préoccupé par la prospérité d'un plus grand nombre de citoyens) et celles de l'État de droit (préoccupé par la protection des droits individuels).[3]

Le même concept, synonyme à l'État rationnel et constitutionnel et opposé à la violence factuelle, peut être retrouvé dans les écrits de Johann von Aretin et dans les articles de Karl von Rotteck et Karl von Welcker, qui opposent l'État de droit (par rapport à la liberté du citoyen) à l'État despotique et théocratique.[4]

L'État de droit fait partie, à cette époque, d'un programme politique qui cherche à établir la monarchie

---

[1] Hummel J., « État de droit, libéralisme et constitutionnalisme durant le Wörmarz », in Juanjan O. (coord.), *Figures de l'État de droit*, PUS, Strasbourg, 2001, p. 139.

[2] Idem.

[3] Gilia C., *Statul de drept*, C.H. Beck, Bucureşti, 2007, p. 90.

[4] Surtout dans les articles *Grundgesetz, Grundvertrag, et Verfassung*. Cf. Garzoni F., *Die Rechtsstaatsidee un schweizeirischen Staatsdenken des19. Jahrhunderts*, thèse, Zurich, 1952.

constitutionnelle en Allemagne, apparaissant comme un État qui protège la liberté individuelle et les droits fondamentaux par le droit rationnel. C'est une notion qualifiée de « matérielle du Rechtsstaat, se rapprochant de l'expression *rule of law* de la doctrine anglo-saxonne, bien qu'il existe de différences importantes en ce qui concerne le rôle de l'État. La plus proche traduction du concept d'État de droit de l'anglais serait « le gouvernement du droit » ou « le règne de la loi ». Dans cette acception, le concept d'État de droit désigne un ordre juridique où les garanties et les droits individuels sont ceux qui posent des barrières à l'exercice du pouvoir de l'État.[1]

Le *Rechtsstaat* évolue dans la seconde moitié du XIXe siècle, par une profonde métamorphose, de la focalisation sur les droits naturels vers un concept formel réduit à l'exigence du respect de la légalité. C'est Friedrich Julius Stahl[2] qui commence cette évolution par la théorie du jusnaturalisme d'inspiration chrétienne, étant considéré l'inventeur du concept d'État de droit formel. Selon lui, l'État de droit « signifie avant tout non les buts de l'État, mais la méthode pour leur réalisation »[3]. Cette théorie a un caractère éminemment technique, dogmatique-juridique, le Rechtsstaat ne désignant plus autre chose qu'une modalité ou une forme de réalisation de la volonté de l'État, sans référence aucune aux contenus ou aux finalités. Le droit n'est pas considéré par lui comme un but ou un contenu déterminé, mais comme un moyen pour les plus divers buts

---

[1] On retrouve le plus important précédent théorique chez Locke J., *Traité du gouvernement civil,* 2e éd., Garnier-Flammarion, Paris, 1992.

[2] Théoricien du conservatisme contre-révolutionnaire et influent homme politique de la monarchie prussienne sous Friedrich Wilhelm IV.

[3] Cf. Stahl F.-J., *Philosophie des Rechts*, J.C.B. Mohr, Tübingen et Leipzig, 1859, p. 137.

politiques.[1] Le modèle de l'État de droit défini par Stahl est réactionnaire pour les libéraux et libéral pour les réactionnaires.[2]

Dans cette période, l'accent porte davantage sur la légalité de l'administration contrôlable par les tribunaux. Le premier ayant développé cette nouvelle acception, « plus dépolitisée », du Rechtsstaat, est Otto Bahr[3], dans la conception duquel la « règle maximale » de la vie politique dans un État de droit est que le droit constitue « un pouvoir spirituel » au-dessus de l'État, ne suffisant pas que le droit public soit fixé par des lois, étant aussi nécessaire une juridiction qui détermine les droits dans les cas concrets. Donc, pour lui, l'élément primordial de l'État de droit est constitué par l'existence des tribunaux judiciaires indépendants qui limitent et contrôlent l'action gouvernementale par l'interprétation des lois.[4] Par *Rechtsstaat*, Otto Bahr comprend que « l'État fait du droit le fondement de son existence, que toute la vie qui se déploie dans son sein, celle des individus ou de la collectivité dans ses rapports avec ses membres, se déroule selon le droit, sans qu'il usurpe la liberté, liberté qui lui soit indispensable »[5].

---

[1] Bien souligné par Merkl A., « Idee und Gestalt des Rechtsstaates », in *Festschrift* für *Hans Kelsen zum 90. Geburtstag*, Franz Deuticke, Wien, 1971, p. 135. Et selon les remarques de N. Mateucci, pour lequel le concept d'État de droit n'est qu'un « mode d'exercer la force », in *Costituzionalismo*, in Bobbio N., Mateucci N., Pasquino G. (éd.), *Dizionario di Politico*, UTET, Torino, 1981, p. 275).

[2] Schonberger C., « État de droit et État conservateur: Friedrich Julius Stahl », in Jouanjan O. (coord.), *Figures de l'État de droit : le Rechtsstaat dans l'histoire intellectuelle et constitutionnelle de l'Allemagne*, Strasbourg, Presses Universitaires de Strasbourg, 2001, p. 179-191.

[3] Bähr O., *Der Rechtsstaat*, Cassel und Göttingen, G. H. Wigand, 1864.

[4] Idem, spécialement p. 25 et s.

[5] Zimmer W., « Une conception organiciste de l'État de droit: Otto Bähr et Otto von Gierke », in Jouanjan O. (coord.), *Figures de l'État de droit..., op.cit.* p. 219.

Otto Mayer est un autre défenseur de la juridiction administrative, étant considéré l'un des pères du droit administratif allemand moderne. Pour lui, l'État de droit est « l'État dont l'administration suit la forme de la loi (ou de l'acte administratif), autrement dit, *secundum legem*, celui qui ne peut agir sur ses sujets que par des règles de droits »[1]. Parce que le pouvoir exécutif est celui qui permet d'assurer l'exécution des lois, depuis lors le Rechtstaat, le principe de légalité, est fondé, fait remarqué par Otto Mayer lorsqu'il écrit que « La séparation a donné à la souveraineté de la Loi la garantie qu'exigeait l'État de droit » par la subordination des organes et des actes d'un pouvoir aux règles posées par l'autre.[2]

Pour Rudolf Gneist le concept de *Rechtsstaat* fait référence à l'organisation juridique du gouvernement, spécialement à l'autonomie politique-administrative, à insistance sur l'autoadministration et l'existence d'une juridiction administrative indépendante. La définition formelle du *Rechtsstaat* suppose que l'État se place « sur le plan de la légalité dans ses rapports avec les individus, en s'abstenant de toute injustice/arbitraire »[3]. Pour lui, le *Rechtsstaat* ne doit être confondu avec « une limitation de l'État pour les simples buts d'un contrat juridique entre les citoyens »[4], la substance d'un État de droit étant

---

[1] Cf. Mayer O., *Le droit administratif allemand*, (trad. française de l'auteur), Giard et Brière, Paris, 1903, vol. I, p. 77 et s.

[2] Rivero J., *L'État moderne peut-il être encore un État de droit ?* p. 71, http://local.droit.ulg.ac.be/sa/rfd/doc/1957_Rivero.pdf consulté le 16.09.2018.

[3] Grimm D., *Deutsche Verfassungschichte 1776-1866*, Suhrkamp, Frankfurt, 1988, p. 209.

[4] Herrera C.-M., « Quelques remarques à propos de la notion d'État de droit », in *L'Homme et la société*, no 113/1994, *Figures actuelles du capitalisme*, p. 93.

l'instauration et le bon fonctionnement d'une juridiction administrative.[1]

Si jusqu'à l'apparition du positivisme le concept de *Rechtsstaat* reste prescriptif, sa normativité par rapport au droit positif se réduisant à des questions de forme et de procédure, avec le positivisme il devient descriptif et dogmatique, se contentant à décrire le droit tel qu'il est. L'idéal transcendant n'a plus de place dans la conception de l'État de droit, les positivistes voyant dans le *Rechtsstaat* un État qui respecte ses propres lois. Les représentants marquants de ce courant sont Georg Jellinek et Hans Kelsen.

Eminent professeur à la faculté de droit de Heildelberg, Georg Jellinek développe l'ingénieuse théorie de l'autolimitation[2] inventée par Ihering[3] pour lequel l'État devrait respecter l'autolimitation par simple intérêt égoïste, donc seulement si son intérêt lui dictait à le faire. Lorsque l'État contracte, il consent à se limiter, s'obligeant de par sa propre volonté. Mais sa volonté, bien qu'elle se limite ainsi, ne se détermine que par elle-même et donc reste souveraine, même en s'obligeant par contrat.[4] Jellinek juridicise ce concept de l'autolimitation d'Ihering en affirmant que « cette dépendance [l'État par rapport au droit] n'est pas d'ordre moral, mais de nature juridique »[5], car, pour que l'État (personne juridique) soit obligé à respecter le droit, il doit être juridiquement contraint à le faire : en ordonnant à

---

[1] Cf. Gneist R., *Der Rechtsstaat und die Verwaltungsgerichte in Deutschland (1872)*, 2e éd., Springer, Berlin,1879.

[2] Jellinek G. développe sa théorie de l'autolimitation dans son livre Allgemeine Staatslehre, 2e éd., O. Häring, Berlin, 1905 et dans sa théorie de la nature juridique des traités internationaux, L'État moderne et son droit, Paris, 1901 (Pantheon-Assas, 2004).

[3] Von Ihering R., *L'évolution du droit, op. cit.*

[4] Jellinek G., Allgemeine Staatslehre, *op. cit.*, p. 357.

[5] Jellinek G., L 'État moderne et son droit, Panthéon-Assas, Paris, 2004, p. 131.

l'ensemble des personnes placées sous son pouvoir de respecter la loi, il leur ordonne *de facto* ce respect à ses propres organes, donc à lui-même, car il ne peut, matériellement, faire autrement que respecter le droit. Pour construire sa théorie de l'autolimitation, Jellinek fait de l'État une personne juridique qui se distingue des organes qui la composent. De cette manière, « le monarque n'est qu'un organe de l'État, à côté d'autres organes »[1]. Ainsi, Jellinek affirme que l'État crée le droit, mais il l'admet « par sa propre volonté »[2]. En distinguant l'État des organes dont il dispose, Jellinek explique sur le plan juridique le concept d'autolimitation : si l'État ne peut mettre en mouvement sa volonté qu'à l'aide de ses organes qui n'agissent qu'en vertu des prescriptions juridiques étatiques, l'État ne peut agir autrement qu'à l'aide des règles de droit qu'il a lui-même édicté.

L'objectif de Jellinek est atteint : par la théorie du *Rechtsstaat* comme autolimitation, il arrive à concilier la souveraineté avec l'obligation de l'État de respecter le droit.[3]

Entre les deux guerres mondiales, le juriste autrichien Hans Kelsen portera jusqu'au but le concept de *Rechtsstaat* comme autolimitation de l'État qu'il conceptualisera à l'image de la pyramide des normes composée d'étages juridiques imbriqués et coordonnés entre eux. Selon lui, l'État de droit est un État où les normes juridiques sont hiérarchisées de telle manière que son pouvoir soit limité par elles.[4]

---

[1] Hummel J., *Le constitutionnalisme allemand (1815-1918): le modèle allemand de la monarchie limitée*, PUF, Collection Léviathan, Paris, 2002, p. 308.

[2] Idem, p. 310.

[3] Jellinek G., L 'État moderne et son droit, *op. cit.*, p. 551.

[4] Kelsen H., *Théorie pure du droit* (1960), 2e éd. (modifiée), Paris, Dalloz, 1962.

Pour Kelsen, l'État de droit, comme synonyme du respect des droits individuels ou du contrôle de la légalité des actes étatiques ou comme synonyme du système démocratique, est un « préjugé jusnaturaliste » dont la théorie juridique traditionnelle s'en sert pour nier le caractère de droit de l'ordre juridique qui ne respecte pas certains contenus, limitant ainsi le pouvoir législatif des États. Mais, parce que Kelsen voit l'État tel le roi Midas qui peut transformer tous les contenus et les buts (tout ce qu'il touche) en droit, pour lui tout l'État est un *Rechtsstaat*, un État de droit, même l'État le plus policier.[1] Il critique l'idée que n'est un « État de droit » qu'un État qui, historiquement, crée un droit pour s'auto-obliger à le respecter, bien qu'il reconnaisse[2] que ce concept d'État de droit sert en fait « à désigner un type particulier d'État, qui répond aux postulats de la démocratie et de la sécurité juridique ». Kelsen voit dans le concept d'État de droit un « pléonasme »[3]. « Parce que l'État et le droit sont un et même phénomène, parler d'un État de droit devient un pléonasme. L'État n'est rien d'autre que la personnification de l'ordre de contrainte. La théorie kelsénienne s'est donnée pour but la dissolution totale du dualisme État-Droit dont le fondement se retrouve dans l'unité hiérarchique de l'ordre juridique personnifiée. »[4] Il y a chez Kelsen deux conceptions sur l'État de droit : l'une purement formelle[5], qui découle de l'impossibilité de discerner juridiquement

---

[1] Cf. Kelsen H., « Gott und Staat » (1923), in Idem, *Aufsätze zur Ideologiekritik*, Luchterhand, Berlin, 1964, p. 55 ; voir aussi Idem, *Allgemeine Staatslehre*, Berlin, Springer, 1925, p. 335.

[2] Dans la 2e édition de *Reine Rechtslehre*.

[3] Kelsen H., *Théorie pure du droit* (1960), *op. cit.*, p. 411. M. Troper reprend la construction méthodologique des analyses de Kelsen dans son article « Le concept d'État de droit », in Droits, no 15, 1992.

[4] Popa N., Dănişor Gh., Dogaru I., Dănişor D.C., *Filosofia dreptului Marile curente*, *op. cit.*, p. 267.

[5] Kelsen H., *Théorie pure du droit*, *op. cit.*, p. 411.

l'État et le droit (la perception descriptive où Kelsen voit dans l'État de droit un pléonasme) comme unité de l'ordre juridique (on parle de la hiérarchie des normes) ; l'autre lie la hiérarchie des normes au projet politique démocratique ayant pour but de voir s'il peut se réaliser autrement que par l'État (la perception prescriptive et matérielle). Dans cette dernière perception, il s'agit d'un « ordre juridique relativement centralisé (...) la juridiction et l'administration y sont liées par de lois, c'est-à-dire par des normes générales qui sont décidées par un parlement élu par le peuple, avec ou sans la collaboration d'un chef d'État qui est placé à la tête du gouvernement ; les membres du gouvernement y sont responsables de leurs actes ; les tribunaux y sont indépendants ; et les citoyens s'y voient garantir certains droits de liberté, en particulier la liberté de conscience et de croyance et la liberté d'exprimer leurs opinions »[1].

Kelsen ne reste pas cantonné dans une simple critique méthodologique de la notion d'État de droit, en lui attribuant une signification explicitement progressiste : arme formidable en faveur des gouvernés, il est nié à l'État, compris comme simple technique, tout contenu sacré, éternel, immuable, le droit étant considéré produit de la volonté des hommes. Cette conception sur l'État de droit permettait l'affirmation du fait que « tout contenu souhaité par les représentants populaires dans une démocratie pouvait être "droit" sans aucune limite d'un éventuel suprême ordre normatif »[2]. Pour le juriste autrichien, la nature arbitraire d'un gouvernement autocratique ne lui

---

[1] Voir aussi Kelsen H., *La démocratie, sa nature, sa valeur*, Economica, Paris, 1989, et Idem, *Théorie générale du droit et de l'État*, LGDJ, Paris, 1997, pp. 334 et s.

[2] Herrera C.-H., « Quelques remarques à propos de la notion d'État de droit », in *L'Homme et la société*, no 113, 1994, *Figures actuelles du capitalisme*, p. 99.

enlève pas son caractère d'ordre juridique. Dans ce sens, « l'ordre de l'État de droit représente l'objectivation de la violence politique interne »[1], la loi apparaissant comme « le code de la violence publique organisée »[2], ce qui a fait que le nazisme même puisse se réclamer de l'« État de droit »[3]. La découverte, après la deuxième guerre mondiale, des crimes de la barbarie nazie a fait nécessaire l'évolution de la notion d'État de droit pour dépasser l'impasse trop formaliste où elle se trouvait. On a ajouté aux aspects strictement formels la préoccupation de la défense des droits et des libertés fondamentales.

Sous l'empire de la *Loi fondamentale* de 1949, la jurisprudence et la doctrine placent le concept de *Rechtsstaat* au centre des préoccupations du droit constitutionnel, bien que, de manière surprenante, il ne se retrouve pas parmi les principes constitutionnels de base consacrés par l'article 20.[4]

Ce court historique du *Rechtsstaat* nous montre le caractère complexe du concept d'État de droit, à travers les

---

[1] Cf. Weber M., *Économie et Société*, t. 1, trad. franc. Partielle de Weber, Plon, Paris, 1971, p. 603 et s.

[2] Cf. Poulantzas N., *L'État, le pouvoir, le socialisme*, PUF, Paris, 1978, p. 84.

[3] Voir spécialement Koellreutter O., « Der Nationalsozialistische Rechtsstaat », in *Grundlagen, Aufbau und Wirtschaftsordnung des nationalsozialistischen Staates*, Spaeth & Linde, Berlin -Wien, 1937, vol. 1, p. 1-12 ; cf. aussi *Grundriss der Allgemeinen Staatslehre*, Mohr, Tübingen,1933, p. 106 et s. De même Carl Schmitt qui, bien qu'il accepte que le terme « État de droit » puisse caractériser l'État nazi, a du mal à le fonder théoriquement, raison pour laquelle il recourt à une formule abrégée paraphrasant les mots de Hans Frank pour signaler sa pertinence : l'État de droit national-socialiste c'est « l'État de droit allemand d'Adolf Hitler ».

[4] L'omission des principes constitutionnels de base renforça son caractère énigmatique et multiforme. Voir dans ce sens Grewe C., « L'État de droit sous l'empire de la Loi fondamentale », in Jouanjan O. (coord.), *Figures de l'État de droit*, *op. cit.*, p. 386.

acceptions qui marquent les diverses conceptions théoriques et politiques au niveau du droit public allemand. Il apparaît cependant mentionné à l'article 28 qui dispose que « L'ordre constitutionnel des Lands doit être conforme aux principes d'un État de droit républicain, démocratique et social au sens de la présente Loi fondamentale », ce qui fait du principe du *Rechtsstaat* la source directe de la normativité constitutionnelle.[1] Bien qu'il ne soit pas défini de manière globale et exhaustive par la Cour constitutionnelle fédérale allemande, le principe du *Rechtsstaat* est structuré autour de deux éléments clés : « l'idée de *justice matérielle* et l'idée de *sécurité juridique* »[2].

Sous l'empire de la loi fondamentale, on écrit de nombreux travaux qui ont pour sujet le *Rechtsstaat.* Si la majorité des auteurs énumèrent sous la titulature du *Rechtsstaat* toute une liste de principes et de règles[3], celui qui essaie d'en donner une définition est Klauss Stern, pour lequel « l'État de droit signifie que le pouvoir étatique ne peut être exercé qu'en base d'une constitution et de lois conformes, du point de vue formel et matériel avec elle, dans le but de garantir la dignité humaine, la justice et la sécurité juridique »[4].

Le discours sur le *Rechtsstaat* réapparaît après 1989 comme déterminant « le nouveau design de la République fédérale d'Allemagne »[5].

---

[1] Grewe C., « L'État de droit sous l'empire de la Loi fondamentale », in Jouanjan O. (coord.), *Figures de l'État de droit*, *op. cit.*, p. 386.

[2] Gilia C., *Teoria statului de drept, op. cit.*, p. 125.

[3] Sobota K., dans *Das Prinzip Rechtsstaat. Verfassungs-und Verwaltungs-richtliche Aspekte*, Mohr, Tübingen, 1997, p. 254-257, établit une liste de 142 normes qui couvrent le champ sémantique du *Rechtsstaat.*

[4] Stern K., *Staatrecht der BRD*, 2e éd., C.H. Beck, München, 1984, vol. I, p. 784.

[5] Gilia C., *Teoria statului de drept*, *op. cit.*, p. 132.

4.3 L'ÉTAT DE DROIT DANS LA VISION FRANÇAISE

L'association de ces deux termes, État et droit, dans le concept d'*État de droit*, traduction littérale du *Rechtsstaat* n'est pas typique de la doctrine juridique allemande, les auteurs français utilisant eux aussi la même formule binaire. Bien que la France fasse un orgueil de se considérer la patrie des droits de l'homme, elle reste initialement assez réticente à ce concept qu'elle trouve trop formel pour le goût des Français. Ayant pour objectif d'encadrer et de limiter par un ensemble de normes juridiques le pouvoir de l'État, le concept d'État de droit a été regardé avec méfiance dans la France du XIXe siècle, étant peu compatible avec la théorie française de l'État-nation et de la loi (expression de la volonté générale, acte sacré et incontestable). La question qui se pose est de déterminer qui revendique la paternité de ce concept.[1]

Le concept d'État de droit matériel est plus présent qu'en dit la tradition juridique française. Certains auteurs placent le berceau de l'État de droit dans la Révolution française de 1789[2], tandis que d'autres considèrent que ce concept prend son essor au début du XXe siècle[3].

---

[1] Heuschling L., *État de droit, Rechtsstaat, Rule of Law*, Dalloz, Paris, 2002, p. 323.

[2] Carré de Malberg R., *Contribution à la théorie générale de l'État*, t. I, Dalloz, Paris, 2004, p. 489; Grewe C., Ruiz Fabri H., *Droits constitutionnels européens*, PUF, Paris, 1995, p. 25 ; Chevalier J., *Statul de drept*, *op. cit.*, p. 22-28.

[3] L'expression apparaît pour la première fois en français en 1868, chez Ahrens H., dans son *Cours de droit naturel ou de philosophie du droit*, Leipzig, 1968, t. 2, p. 326 et s.

4.3.1 Léon Duguit et l'introduction de la notion d'État de droit en France

Il y a une thèse très documentée[1] qui soutient que ce concept apparaît depuis 1907 chez Léon Duguit. Dans un opuscule paru en 1919, il ne voyait dans le *Rechtsstaat*, traduit explicitement par *État de droit* qu'« un effort ingénieux, du reste stérile, de concilier la toute-puissance de l'État avec un droit public s'imposant à lui »[2]. Cette autolimitation de l'État est dénoncée comme un « pur sophisme », étant considérée illusoire : « Si l'État [...] n'est soumis au droit que parce qu'il le veut bien, quand il le veut et dans la mesure où il le veut, en réalité il n'est point subordonné au droit »[3].

Pour exprimer ses propres idées sur l'État de droit et soutenant la conception de la limitation de l'État par le droit, Duguit affirme que « l'État est soumis à la règle de droit comme les individus eux-mêmes ; la volonté des gouvernants n'est une volonté juridique, pouvant s'imposer par la contrainte, que lorsqu'elle se manifeste dans les limites qui lui sont imposées par la règle de droit »[4] liée aux éléments intimes de la structure sociale[5]. Il réserve un important point de son trait à l'État de droit qu'il définit comme celui « qui est subordonné à une règle de droit

---

[1] Voir Redor M.-J., *De l'État légal à l'État de droit : l'évolution des conceptions de la doctrine publiciste française*, Economica, Paris,1992. Cf. aussi Chevallier J., *Statul de drept*, *op. cit.*, p. 22 et s.

[2] Duguit L., *La doctrine allemande de l'auto-limitation de l'État*, Giard et Brière, Paris, 1919, p. 8. L'œuvre de G. Jellinek était pour Duguit le produit direct de l'influence de Kant et de Hegel (p. 123).

[3] Duguit L., *La doctrine allemande de l'autolimitation de l'État, op. cit.*, notes 120 et 124, pp. 9-10.

[4] Cf. Duguit L., *L'État, le droit objectif et la loi positive (1901-1903)*, tome I, Fontemoing, Paris, 1901, p. 259. Duguit soutient que le droit « est la limite de la force » (Idem, p. 15).

[5] Voir dans ce sens, Popa N., Dănişor Gh., Dogaru I., Dănişor D.C., *Filosofia dreptului. Marile curente*, *op. cit.*, p. 373-380.

supérieure à lui-même, qu'il ne crée pas et qu'il ne peut pas violer », car « l'État est limité dans toutes ses manifestations par un droit supérieur à lui », n'existant toutefois des choses que l'État ne peut pas faire.[1] Ce concept est lié chez Duguit au système des déclarations de droits qui prime sur la loi positive[2] et encadre l'État de droit : il faut affirmer, voir postuler l'existence d'un « droit antérieur et supérieur à l'État »[3], ce dernier étant soumis au droit, car « si l'État est fondé sur la force, cette force n'est légitime que si elle est fondée sur le droit »[4]. Il affirme ainsi l'existence d'un « ordre juridique objectif »[5], distinct de l'État, dans la perspective de l'hétérolimitation de ce dernier par un droit qui lui reste extérieur[6]. Fidèle à l'optique sociologique, pour Duguit l'État de droit prend naissance du croisement de l'État et du droit : « Si le pouvoir politique n'est pas légitime par son origine, s'il est un fait étranger en soi au droit, il peut devenir légitime par son exercice : il peut devenir un Rechtsstaat. »[7]

---

[1] Voir Duguit L., *Traité de droit constitutionnel*, De Bocard, Paris, 1930, p. 589 et s. Duguit note d'ailleurs que sa théorie solidariste confirme la conception individualiste (libérale) de la limitation négative des pouvoirs.
[2] Idem, p. 599.
[3] Idem, p. 2.
[4] Idem, p. 26.
[5] Duguit L., *L'État, le droit objectif et la loi positive*, *op. cit.*
[6] Chevallier J., *op. cit.*, note 7, et pp. 352-359. Dans l'œuvre de L. Duguit, l'influence du positivisme sociologique d'Auguste Comte a été déterminante pour accréditer l'idée d'un « consensus fondamental de l'organisme social » à travers la solidarité sociale ; voir Niort J.-F., « La naissance du concept de droit social en France : une problématique de la liberté et de la solidarité », in Revue de la recherche juridique, *Droit prospectif*, no3, 1994, p. 773-794.
[7] Duguit L., *L'État, le droit objectif et la loi positive, op. cit.*, 1901, p. 256.

4.3.2 La loi, expression de la volonté générale – l'État de droit chez Raymond Carré de Malberg

La notion d'État de droit est présente également chez Raymond Carré de Malberg, grand juriste français et critique des idées de Léon Duguit qui tente à acclimater le concept allemand de *Rechtsstaat* aux spécificités institutionnelles et historiques françaises qu'incarne le concept d'État de droit. Les caractéristiques du système français consistent dans la toute-puissance de la loi définie d'un point de vue formel, et non matériel, la suprématie constitutionnelle (apparente, mais en réalité peu effective) et le refus de l'administrateur-juge. En opposant l'État légal à l'État de droit[1], préoccupé, comme ses contemporains aussi, de l'inefficacité de la Déclaration de 1789, il critique le régime légal de 1875 dans lequel il ne voit que l'expression d'une doctrine de la souveraineté nationale qui « tend purement et simplement à assurer la suprématie du Corps Législatif et n'implique que la subordination de l'administration à la loi » sans pouvoir garantir « des droits individuels qui doivent demeurer au-dessus des atteintes du législateur »[2]. L'État légal apparaît dans sa conception comme une forme spéciale de gouvernement fondé sur la suprématie parlementaire, tandis que l'État de droit s'entend mieux avec la diversité des régimes politiques à condition que les citoyens puissent se prévaloir du « pouvoir juridique d'agir devant une autorité juridictionnelle »[3]. L'État de droit renvoie directement à la notion de recours et à la fonction juridictionnelle surtout dans la perspective du contrôle de constitutionnalité des lois fondé sur l'existence d'une charte ou d'une déclaration.

---

[1] Redor M.-J., *De l'État légal à l'État de droit*, Paris, Economica/Presses universitaires d'Aix-Marseille, 1992.

[2] Carré de Malberg R., *Contribution à la théorie générale de l'État*, t. 1, Sirey, Paris, 1920-1922, note 7, pp. 491-492.

[3] Idem pp. 489-490 ; Redor M.-J., *op. cit.*, note 127, p. 13.

Dans la conception de Carré de Malberg, l'État légal, en tant qu'État légicentrique (forme d'État « qui organise la suprématie du législateur à travers le règne de la loi formelle [...] et qui, par conséquent, n'offre aucune garantie sérieuse contre l'éventuel arbitraire du législateur »[1]), n'est que la première version de l'État de droit. En 1920, Carré de Malberg avait dégagé une conception sur l'État de droit fondée sur sa soumission effective au droit public par des règles et recours. L'État de droit est ainsi « un État qui, dans ses rapports avec ses sujets et pour la garantie de leur statut individuel, se soumet lui-même à un régime de droit, et cela en tant qu'il enchaîne son action sur eux par des règles, dont les unes déterminent les droits réservés aux citoyens, dont les autres fixent par avance les voies et moyens qui pourront être employés en vue de réaliser les buts étatiques »[2]. L'État de droit, par la limitation, non seulement des autorités administratives, mais aussi du corps législatif, se différencie de l'État légal par le fait qu'il ne cherche qu'à assurer la protection des droits des citoyens et leur statut individuel. À la différence de Léon Duguit qui considérait qu'une loi « violant les principes formulés dans la Déclaration de 1789 » serait inconstitutionnelle, Carré de Malberg considère que le système français de la IIIe République n'oblige pas le législateur à respecter le principe du droit individuel qui doit s'imposer à lui de manière absolue. Qualifiant le système institutionnel français d'État légal, par opposition à l'État de droit, il affirme que la France ne s'est élevée jusqu'à la perfection de l'État de droit, en connaissant l'État légal, et non pas l'État de droit, tout comme elle connaît le principe de légalité et non celui de hiérarchie de normes.

---

[1] Redor M.-J., *op. cit.*, note 127, p. 14.

[2] Carré de Malberg R., *Contribution à la théorie générale de l'État*, *op. cit.*, pp. 489, 492.

4.3.3 Les théories de l'État de droit sous la Ve République

La volonté qui a animé les constituants de 1958 a été d'essayer de réaliser le passage vers un véritable État de droit par l'amélioration de son architecture formelle et par l'approfondissement de sa signification substantielle.[1] Sur le plan institutionnel, on tente à mieux distinguer le domaine de la loi de celui du règlement[2] et à réhabiliter l'exécutif. L'article 55 de la Constitution fait pour la première fois du droit international une composante de l'État de droit français. C'est avec la création du Conseil constitutionnel qu'il se produit une constitutionnalisation effective en profondeur des différentes branches du droit, l'État de droit devenant synonyme d'un renouvellement de la hiérarchie des normes. La conception substantielle de l'État de droit veut la défense des valeurs et des principes.

En passant du champ traditionnel réservé à la théorie juridique au champ politique, la théorie de l'État de droit devient plus complexe, enrichie de nouvelles significations. Le changement de perspective est dû aux philosophes qui mettent de plus en plus en évidence le fait que l'État de droit serait le produit de l'histoire occidentale sous l'empire de la monarchie absolue qui se soumettra de plus en plus au droit, constituant finalement la juridicisation du politique et la constitutionnalisation du pouvoir qui ont permis à l'individu de se libérer de l'esclavage auquel le despote l'avait soumis.[3]

La nouvelle problématique de l'État de droit de la période de François Mittérand était la réconciliation de l'État avec la société et du citoyen avec l'individu social,

---

[1] Chevallier J., *Statul de drept*, *op. cit.*

[2] Constitution (art. 34 et 37)

[3] Barret-Kriegel B., *L'État et les Esclaves*, Calman-Lévy, Paris, 1979.

l'État de droit se révélant comme un État qui obéit lui-même à la loi, organise la société dans un cadre juridique et protège les droits de l'homme.[1] « C'est l'État de droit qui incarne, protège et met en œuvre les principes universels tels le respect de l'individu, la liberté, la sécurité des biens et des personnes et la séparation des pouvoirs. »[2] Il s'identifie ainsi à l'État démocratique en tant que modèle proposé aux États en crise.

Selon Jacques Chevalier, l'idée fondamentale de l'État de droit est de limiter le pouvoir par la protection des libertés individuelles, par la soumission du pouvoir à la Nation et par le fait d'attribuer à ce pouvoir un domaine restreint de compétences.[3]

Michel Tropper soutient une méthodologie positiviste sur laquelle il fonde son discours sur l'État de droit. Selon lui, l'État de droit est conçu comme un État qui « n'agirait pas selon un droit supérieur, mais à travers du droit, c'est-à-dire en forme juridique »[4] et dans les conditions de l'existence d'une hiérarchie des normes. Il considère l'expression d'État de droit comme ambigüe. L'État de droit est un État de droit parce qu'il est soumis au droit ou agit en forme juridique, sous la forme du droit.[5] Mettant en évidence la nécessité du développement d'une théorie générale de l'État, Troper, à partir d'un point de vue interne, concilie compréhension et explication, théorie générale distincte de la science politique et la sociologie, qui

---

[1] Bourgeois B., « La question de l'État de droit en France aujourd'hui », in D. Colas (dir.), *L'État de droit*, PUF, Paris, 1987, pp. 4-5.
[2] Miaille M., « Le retour de l'État de droit. Le débat en France », in D. Colas (dir.), *L'État de droit*, *op. cit.*, p. 249.
[3] Chevalier J., *Statul de drept*, *op. cit.*, pp. 51-54.
[4] C. Gilia, *Teoria statului de drept*, *op. cit.*, p. 159.
[5] Troper M., *La démocratie comme État de droit*, http://www.unesco.chairephilo.uqam.ca/textes/michel_troper.htm consulté le 16.09.2018.

s'attaque avant tout à la signification des concepts, décrivant certains aspects de leur production, sur lesquels s'appuie d'habitude la théorie générale de l'État. « Comme la science du droit, une théorie de l'État ne peut être que distincte de son objet. Autrement dit, on doit concevoir, à côté des principes qui forment ce qu'on appelle habituellement la théorie générale de l'État et qui ne constituent nullement une véritable théorie, des énoncés sur ces principes. La vraie théorie générale de l'État ne puisse être que métathéorie »[1] qui doit chercher à comprendre les concepts juridiques s'attaquant non seulement à la fonction technique qu'ils accomplissent, mais aussi à leur fonction de justification.

Michel Troper entreprend une critique interne du concept d'*État de droit* n'essayant d'énoncer ses propriétés, ni de décrire un État concret qui entrerait dans cette catégorie, préférant plutôt se demander à quoi nous fait penser le syntagme « État de droit » lorsqu'il est prononcé et examinant les relations entre ce concept et d'autres.[2] Sa démarche finit par mettre en évidence la dimension idéologique que recouvre ce concept, l'*État de droit* étant généralement associé à la démocratie, aux droits de l'homme et au libéralisme, concepts difficiles de concilier pour lui.

Dans le cadre de la construction européenne on a largement développé l'idée d'une démocratie en tant qu'État de droit pensé comme un ensemble de principes fondamentaux : « La construction européenne – et, plus généralement, la construction d'une société internationale – manifesterait ainsi l'émergence d'un droit commun européen, fondé sur les principes de l'État de droit et la

---

[1] Cf. Troper M., « Sur la théorie juridique de l'État », in Le Débat, vol. 74, no 2, 1993, p. 91.

[2] Cf. Troper M., « Le concept d'État de droit », in Droits, no 15, 1992, p. 55 et s.

protection des droits fondamentaux. Il n'y aurait plus de place pour la décision politique, puisque ces principes transnationaux seraient imposés au moyen des procédures strictement juridictionnelles, donc neutres et impartiales. Mais cette démocratie en tant qu'État de droit n'est pas une variété de démocratie, mais une forme d'aristocratie. »[1]

C'est toujours dans une méthodologie positiviste que s'inscrit Otto Pfersmann pour lequel il est question de distinguer entre le concept matériel et celui formel de l'État de droit. « L'État de droit est une exigence qui concerne la structure de l'ordre juridique, et non directement son contenu. » Ce qu'il exige premièrement n'est pas que « le droit comporte telle ou telle norme consacrant tel ou tel droit, mais que les normes édictées aient certaines propriétés, et cet impératif est évidemment un contenu des normes structurant le système. » Deuxièmement, l'État de droit « correspond à une abstraction croissante des modes d'analyse des ordres juridiques. Il a des incidences indéniables sur le contenu d'autres principes, mais il ne faut pas confondre son émergence historique concomitante avec d'autres revendications comme la démocratie ou les libertés fondamentales avec une éventuelle dépendance logique. Une démarche normativiste permet donc bien de montrer l'autonomie de l'État de droit. » [2] Analysant la thèse kelsénienne de l'État de droit, Otto Pfersmann la critique surtout pour les conséquences qu'il impute : si tout État est un État de droit, alors on peut considérer que le Troisième Reich en est un, fait disqualifiant, dans sa conception, la théorie qui conduit à un tel résultat.[3]

---

[1] Idem.

[2] Pfersmann O., « Prolégomènes pour une théorie normativiste de "l'État de droit" », in Ius Gentium. Curitiba, vol. 7, no 1, jan./jun. 2016, p. 72-104.

[3] Troper M., *Pour une théorie juridique de l'État*, PUF, Paris, 1994, p. 177-180.

Louis Favoreu affirme qu'il ne mérite d'être qualifié d'État de droit qu'un État qui respecte les droits de l'homme et qui institue la justice constitutionnelle. La création, en 1958 du Conseil constitutionnel fait le doyen Favoreu dire que « l'État de droit est désormais complet en France », le passage à l'État de droit constitutionnel mettant en premier plan la notion de constitutionnalité dont on doit tenir compte désormais, bien que certaines habitudes dérangent : « dans l'État légal, la constitutionnalité n'était qu'une composante – accessoire – de la légalité ; aujourd'hui, dans l'État de droit, la légalité n'est qu'une composante de la constitutionnalité »[1].

Dominique Rousseau fait un plaidoyer pour l'État de droit : « Le soi-disant coupable de tous nos maux, cette forme singulière d'État est pourtant le socle qui permet d'atténuer les illégalités et qui a fait sortir la société du communautarisme »[2]. Il considère que l'État de droit n'est pas un État quelconque, mais un État où le droit (qui exprime des valeurs telles la liberté, l'égalité, la tolérance) fait des individus les titulaires des droits opposables à l'État, en leur reconnaissant les moyens institutionnels et surtout juridictionnels par lesquels ils se prévalent de ces droits. « Pour que l'État ne suffoque pas le citoyen, il faut que le droit lui garantisse tant le respect de la vie privée, la liberté d'aller et venir, l'inviolabilité du domicile, que la faculté de s'exprimer et d'agir collectivement pour proposer de nouvelles normes. C'est le sens philosophique de l'État de droit. »[3]

---

[1] Favoreu L., « Légalité et constitutionnalité », in Cahiers du Conseil constitutionnel, n° 3, novembre 1997.

[2] Rousseau D., « Mon plaidoyer pour l'État de droit », in Tribune, Libération, 17 août 2017, http://www.liberation.fr/debats/2016/08/17/mon-plaidoyer-pour-l-etat-de-droit_1473037 consulté le 16.09.2018.

[3] Idem.

Les concepts de doctrine, dont le concept d'État de droit, « sont la création de la théorie et d'elle seule, sa création souveraine, en ce sens qu'il s'agit de décisions intellectuelles en vue de la meilleure analyse possible de la réalité »[1]. Ils permettent de mieux comprendre le concept étudié, de pénétrer une partie du réel qu'ils font intelligible (le point de vue interne) ou cherchent, par contre, à l'expliquer, à mettre en lumière ses fonctions et les conditions qui déterminent de dévoiler ce que le travail doctrinal peut masquer (le point de vue externe).[2]

---

[1] Eisenmann C., « Quelques problèmes de méthodologie des définitions et des classifications en science juridique », in Archives de philosophie du droit, no 17/1966, p. 33.

[2] Loiselle M., *L'analyse du discours de la doctrine juridique l'articulation des perspectives interne et externe*, *op. cit.*, pp. 191-197.

La métaphore apparaît comme instrument stratégique d'analyse de la culture, ingrédient nécessaire à son interprétation.[1] « Tout au moins, elle informe, a un contenu, qui n'est pas seulement ornemental (...) la métaphore apporte plutôt un effet qu'un sens nouveau : l'information est d'ordre esthétique. »[2] Mais in-former signifie « donner, fournir des indications à quelqu'un, des éclaircissements sur ce qu'il veut savoir sur une personne ou une chose »[3], or l'information est d'ordre identitaire, la métaphore informant non sur le monde, mais sur l'identification du locuteur. D'autre part, elle met en forme ou même en scène le psychisme imaginé en tant que double du corps et, dans ce sens, elle est constitutive du fantasme.

Si les métaphores structurent nos manières de percevoir et de sentir, elles ont aussi le pouvoir de produire une nouvelle compréhension des choses et, donc, de transformer la réalité. Conférant transparence au social, par le jeu permanent entre le manifeste et le secret à travers les modes de visibilité rationnels, en nous initiant à la présence du perceptible comme excès constitutif du visible sur soi-même et tentant de nommer le monde au moment inassignable de son apparition[4], les métaphores encouragent les actions créatrices et transforment les cultures et le monde en tant que lieu d'une métaphoricité originaire.

[1] Molino J., « Anthropologie et métaphore », in Langages, n° 54, Larousse, Paris, 1979.

[2] Demonet M.-L., *op. cit.*

[3] Dictionnaire français en ligne – langue française – Lexilogos, https://www.lexilogos.com/francais_dictionnaire.htm.

[4] Barbaras R., *Le tournant de l'expérience. Recherches sur la philosophie de Merleau-Ponty*, Paris, Vrin, 1998.

Abrams M.H., *The Mirror and the Lamp*, New York, Oxford University Press, 1953.

Ahrens H., *Cours de droit naturel ou de philosophie du droit*, t. 2, Leipzig, 1968.

Allan T.R.S, *Law, Liberty, and Justice. The Legal Foundations of British Constitutionalism*, Oxford Clarendon Press, Oxford, 1993.

Allan T.R.S., *Constitutional Justice. A Liberal Theory of the Rule of Law*, Oxford University Press, Oxford, 2003.

Aristote, *La Poétique*, 21, 1457b 6-8, texte établi et traduit par J. Hardy, Les Belles Lettres, Paris, (1932) 2002.

Aristote, *La Rhétorique* (traduite en français avec le texte en regard et suivie de notes philologiques et littéraires par Norbert Boxafous), A. Durand, Paris, 1856-1857.

Aristotel, *Retorica*, Univers Enciclopedic Gold, Bucureşti, 2004.

Arland M., *L'Ordre,* Editions de la Nouvelle revue française, Paris, 1929.

Assal J.Ph., « La métaphorisation terminologique, Terminologie et traduction », in Meta: journal des traducteurs / Meta: Translators' Journal, no 2, 1994.

Aubert J.L., *Introduction au droit et thèmes fondamentaux du droit civil*, Sirey, Paris, 2016.

Bähr O., *Der Rechtsstaat*, Cassel und Göttingen, G. H. Wigand, 1864.

Bainville J., *Histoire de France,* t. 1, A. Fayard, Paris, 1924.

(de) Balzac H., *Splendeurs et misères des courtisanes,* Alexandre Houssiaux, Paris, 1846.

Barbaras R., « Métaphore et ontologie », in *Le tournant de l'expérience, recherches sur la philosophie de Merleau-Ponty*, Paris, Vrin, 1998.

Barbaras R., *Le tournant de l'expérience. Recherches sur la philosophie de Merleau-Ponty*, Paris, Vrin, 1998.

Barrès M., *Mes Cahiers,* t. 8, Plon, Paris, 1909-11.

Barret-Kriegel B., *L'État et les Esclaves*, Calman-Lévy, Paris, 1979.

Barwick K., *Probleme der stoischen Sprachlehre und Rhetorik*, Akademie Verlag, Berlin, 1957.

Basu S., « In a Crazy Time the Crazy Come Out Well : Machiavelli and the Cosmology of His Day », in History of Political Thought, vol. XI, no 2, 1990.

(de) Beauvoir S., *Mémoires d'une jeune fille rangée,* Gallimard, Paris, 1958.

Beauzée N., *L'Encyclopédie, ou dictionnaire raisonné des sciences, des arts et des métiers, par une société de gens de lettres*, Paris, Libraires associés, 1751-1772, t. XVI, 1765.

Belorgey G., *Le gouvernement et l'administration de la France*, A. Colin, Paris, 1967.

Bergel J.L., *Théorie générale du droit*, 3e éd., Dalloz, Paris, 1999.

Bergman H., *The Historical Background of American Law*, in Talks an American Law, New York, 1961.

Berns T., Frydman B., *Généalogie de l'esprit de corps*, http://www.philodroit.be/IMG/doc/esprit-2.doc?lang=fr/ consulté le 26.11.2018.

Black D., « The Boundaries of Legal Sociology », in Yale Law Journal, vol. 81, 1972.

Black D., *The Behavior of Law*, Yale University Press, New Haven, Conn., 1976.

Blanquer J.-M., Milet M., *L'invention de l'État. Léon Duguit, Maurice Hauriou et la naissance du droit public moderne*, Odile Jacob, coll. « Histoire », Paris, 2015.

Boaz D., *Histoire de la liberté*, traduction de Stéphane Geyres et Thomas Heinis, 2012, http://www.institutcoppet.org/wp-content/uploads/2013/01/David-Boaz-Histoire-de-la-libert%C3%A9.pdf./ consulté le 22.11.2018.

Bobbio N., Mateucci N., Pasquino G. (éd.), *Dizionario di Politico*, UTET, Torino, 1981.

Bodin J., *Les six livres de la République,* Jacques du Puys, Paris,1576 (*lire en ligne* [*archive*]).

Bonnard J., *Introduction au droit*, 2e éd, Ellipses, coll. Universités Droit, Paris, 1998.

(de) Bonald L.G.A., *Législation primitive,* Le Clere, Paris, t. 2, 1802.

Bourdieu P., « La force du droit. Eléments pour une sociologie du champ juridique », in Actes de la Recherche en Sciences Sociales, no 64, 1986.

Bourgeois B., « La question de l'État de droit en France aujourd'hui », in D. Colas (dir.), *L'État de droit*, PUF, Paris, 1987.

Branca-Rosoff S., « La métaphore entre philosophie et rhétorique, » in Langage et société, n° 89, 1999.

Briguglia G., « Langages politiques, modèles et métaphores corporelles. Propositions historiographiques », L'Atelier du Centre de recherches historiques [En ligne], 01 | 2008, mis en ligne le 28 novembre 2009, consulté le 14 novembre 2017. URL : http://acrh.revues.org/318/ ; DOI : 10.4000/acrh.318

Burns J.H., Histoire de la pensée politique médiévale (1988), PUF, Paris, 1993.

Caillosse J., *La constitution imaginaire de l'administration*, PUF, Paris, coll. « Les voies du droit », 2008.

Capitant H., *Le Vocabulaire juridique,* PUF, Paris, 1936.

Carbonnier J., *Droit civil. Introduction*, Thémis, PUF, Paris, 1979.

Carbonnier J., *Droit et passion du droit sous la Ve République*, coll. « Forum », Flammarion, Paris, 1996.

Carré de Malberg R., *Confrontation de la théorie de la formation du droit par degrés avec les idées et les institutions consacrées par le droit positif français relativement à sa formation*, Dalloz, Paris, 2007.

Carré de Malberg R., *Contribution à la théorie générale de l'État*, t. I, Dalloz, Paris, 2004.

Carré de Malberg R., *Contribution à la théorie générale de l'État*, C.N.R.S. Éditions, Paris, 1985.

Carré de Malberg R., *Contribution à la théorie générale de l'État*, t. 1, Sirey, Paris, 1920-1922.

Carré de Malberg R., *La Loi, expression de la volonté générale,* Economica, Paris,1984.

Charbonnel N. et Kleiber G. (éd.), *La métaphore entre philosophie et rhétorique*, PUF, Paris, 1999.

Charbonnel N., *La tâche aveugle*, Presses Universitaires de Strasbourg, Strasbourg, 1991,1993.

(de) Chateaubriand F.-R., *Mémoires d'outre-tombe,* t. 3, Garnier, Paris, 1848.

Chebili S., « Corps et politique : Foucault et Agamben », in L'information psychiatrique, vol. 85, no 1, 2009.

Chrétien-Vernicos G., *Cours d'histoire du Droit*, http://www.dhdi.free.fr/cours/histdroit/hd1.htm/ consulté le 24.11.2018.

Chrétien-Vernicos G., *Introduction historique au droit*, Université Panthéon-Sorbonne, Paris 1. DHDI. Groupe de travail Droits de l'homme et dialogue interculturel. France, Les cours en ligne du DHDI, http: //www.dhdi.free.fr/, 2002 consulté le 24.11.2018.

Clémenceau G., *L'Iniquité,* Palais-Royal, Paris, 1899.

Clemenceau G., *Vers la réparation,* P.V. Stock, Paris, 1899.

Cohen H., *Ethik des reinen Willens*, 1907, rééd., 5e éd., Georg Olm, Hildesheim/New York, 1981.

Corbeanu I., *Teoria generală a dreptului*, Editura Lumina Lex, 2008, Bucureşti.

Cornu G., *Vocabulaire juridique,* PUF, Paris, 1987.

Cornu G., *Linguistique juridique*, Paris, Montchrestien, 2000.

Cotterrell R., *The Sociology of Law*, Butterworths, London, 1984.
Courier P.-L. , *Pamphlets politiques et littéraires,* Gazette du village, Paris, 1823.
Cousin V., *Du Vrai, du Beau et du Bien*, Didier, Paris, 1862.
Dănişor D., *Interpretarea codului civil. Perspectivă jurilingvistică*, C.H. Beck, Bucureşti, 2015.
Dănişor Gh., *Solitude-isolement du monde. Une philosophie sur l'histoire échouée de l'humanité*, éd. L'Harmattan, Paris, 2023.
David A., *La cybernétique et l'humain*, Gallimard, Paris, 1965.
Deguy M., « Et tout ce qui lui ressemble », in Charbonnel N. et Kleiber G., *La métaphore entre philosophie et rhétorique*, PUF, Paris, 1999.
DeHart P.R., « Leviathan leashed: the incoherence of absolute sovereign power », in Critical review, vol. 25, no 1, 2013.
Deleanu I., *Drept constituţional şi instituţii politice*, Ed. Chemarea, Iaşi, 1996.
Demonet M.-L., « La logique de la métaphore (Essais, III,1) », in Lestringant F. (éd.), *Rhétorique de Montaigne*, Champion, Paris, 1985.
Dicey A.V., *Introduction to the Study of the Law of the Constitution* (1885), MacMillian, London, 9e éd., 1950.
Dicey A.V., *Introduction to the Study of the Law of the Constitution*, 10e éd., MacMillan et Co. Ltd., London,1961.
Dicţionarul explicativ al limbii române, Univers Enciclopedic Gold, Bucureşti, 2009, https://dexonline.ro/definitie/stat.
Dogaru I., Dănişor D.C., Dănişor Gh., *Teoria generală a dreptului*, Editura Ştiinţifică, Bucureşti, 1999.
Dubois A., « L'évolution de la notion de droit naturel antérieurement aux physiocrates », in Revue d'histoire des doctrines économiques et sociales, vol. 1, 1908.
Dubouchet P., *La pensée juridique avant et après le Code civil*, L'Hermès, Lyon, 1998.
Duguit L., *L'État, le droit objectif et la loi*, Ancienne Librairie Thorin et Fils, Paris, 1901, rééd. Dalloz, Paris, 2003.
Duguit L., *La doctrine allemande de l'auto-limitation de l'État*, Giard et Brière, Paris, 1919.
Duguit L., *Leçons de droit public général* (1ère éd. en 1926), rééditées par les éd. La Mémoire du Droit, Paris, 2000.
Duguit L., *L'État, le droit objectif et la loi positive (1901-1903)*, tome I, Fontemoing, Paris, 1901.
Duguit L., *Traité de droit constitutionnel*, Ancienne Librairie Fontemoing, Paris,1923.
Duguit L., *Traité de droit constitutionnel*, De Bocard, Paris, 1930.

Duhamel G., *Cécile parmi nous,* Mercure de France, Paris, 1938.
Dworkin R., « The Model of Rule I », in *Taking Rigts Seriously*, London, Duck-worth London, 1978.
Dworkin R., *L'empire du droit*, PUF, Paris, 1994
Dworkin R., *Une question de principe*, PUF, Paris, 1996.
Dworkin R., *Political Judgesand the Rule of Law*, British Academy, 1980.
Dworkin R., *The Forum of Principle*, Harvard University Press, Cambridge, 1985.
Ehrlich E., *The Fundamental Principles of the Sociology of Law*, Russell & Russell, New York, 1975.
Eisenmann C., « Quelques problèmes de méthodologie des définitions et des classifications en science juridique », in Archives de philosophie du droit, no 17/1966.
Farrère C., L'*Homme qui assassina,* P. Ollendorff, Paris, 1907.
Favoreu L., « Légalité et constitutionnalité », in Cahiers du Conseil constitutionnel, no 3, novembre 1997.
Feeley M., « The Concept of Laws in Social Science : A Critique and Expanded View », in Law & Society Review, no 10, 1976.
Fischer M., *Well-Ordered License. On the Unity of Machiavelli's Thought*, Lenham, Lexington, 2000.
Foch F., *Mémoires,* t. 1, Paris, 1929.
Fontaine J., *Isidore de Seville et la culture classique dans l'Espagne wisigothique*, Études Augustiennes, Paris, 1959.
Fontanier P., *Les figures du discours*, Flammarion, Paris, 1968.
France A., *L'Île de pingouins,* C. Lévy, Paris, 1908.
François L., *Le problème de la définition du droit. Introduction à un cours d'évolution de la philosophie du droit à l'époque contemporaine*, Liège, Faculté de droit, d'économie et des sciences sociales de Liège, 1978.
Frydman B., *Le sens des lois*, LGDJ, Bruylant, Paris, Bruxelles, 2007.
Galanter M., « Justice in Many Rooms : Courts, Private Ordering, and Indigenous Law », in Journal of Legal Pluralism, no 1, 1981.
(du) Gard R.M., *Souvenirs autobiographiques et littéraires,* Gallimard, Paris, 1955.
Garin E., *Lo Zodiaco della vita. La polemica sull'astrologia dal Trecento al Cinquecento*, Laterza, Roma-Bari,1976.
Garin E., *Machiavelli fra politica e storia*, Einaudi, Torino, 1993.
Garzoni F., *Die Rechtsstaatsidee un schweizeirischen Staatsdenken des19. Jahrhunderts*, thèse, Zurich, 1952.

Gaucher M., *Encyclopédie médicale Quillet*, A. Quillet, Strasbourg, 1965.

Gaudin F., « La socioterminologie », in Loïc Depecker (dir.), *La terminologie : nature et enjeux*, Langages, 39e année, n°157, 2005.

Gaudin F., *Socioterminologie, une approche sociolinguistique de la terminologie*, Duculot De Boeck, Bruxelles, 2003.

(de) Gaule Ch., *Mémoires de guerre,* Plon, Paris, 1954.

(de) Gaultier J., *Le Bovarysme,* 1902, réimpression Kessinger Publishing, 2010.

Ghimpu S., *Dicţionar juridic selectiv*, Editura Albatros, Bucureşti, 1985.

Gide A., *L'École des femmes,* Gallimard, Paris, 1929.

Gide A., *L'Immoraliste,* Société du Mercure de France, Paris, 1902.

Gide A., *Le Journal,* Gallimard, Paris, 1938.

Gilia C., *Statul de drept*, C.H. Beck, Bucureşti, 2007.

Ginestet P., *L'Assemblée Parlementaire Européenne,* PUF, Paris, 1959.

Glenn P., « Droit comparé et langages juridiques », in *Français juridique et science du droit*, Bruylant, Bruxelles, 1995.

Gneist R., *Der Rechtsstaat und die Verwaltungsgerichte in Deutschland (1872)*, 2e éd., Springer, Berlin,1879.

Goldschmidt B., *L'Aventure atomique,* Fayard, Paris, 1962.

Goyard-Fabre S., « *Le droit, tâche infinie », in Définir le droit*, t. 2, *Droits*, vol. 11, 1990.

Granger G.-G., *Invitation à la lecture de Wittgenstein*, Alinéa, Paris, 1990.

Grätzel S., « La philosophie du droit et les fautes du passé. La « troisième voie » vers une humanisation du droit selon Gustav Radbruch », in Archives de philosophie du droit, no 49/2005.

Grewe C., « L'État de droit sous l'empire de la Loi fondamentale », in Jouanjan O. (coord.), *Figures de l'État de droit, : le Rechtsstaat dans l'histoire intellectuelle et constitutionnelle de l'Allemagne*, Strasbourg, Presses Universitaires de Strasbourg, 2001.

Grewe C., Ruiz Fabri H., *Droits constitutionnels européens*, PUF, Paris, 1995.

Gridel J.-P., *Introduction au droit et au droit français: notions fondamentales, méthodologie, synthèses*, Dalloz, Paris, 1994.

Grimm D., *Deutsche Verfassungschichte 1776-1866*, Suhrkamp, Frankfurt, 1988.

Groupe µ., *Rhétorique générale*, Seuil, Paris, 1982.

Grousset R., *L'épopée des croisades,* Plon, Paris, 1939.

Guastini R., « Théorie et ontologie du droit chez Dworkin », in Droit et Société, no 2, 1986.

Guéhenno J., *Journal d'un homme de 40 ans*, Grasset, Paris, 1934.

Guizot F., *L'Histoire générale de la civilisation en Europe,* Leçon 7, Pichon et Didier, Paris, 1828.

Haba E.P., « Etudes en allemand sur les rapports entre droit et langue », in Archives de philosophie du droit, t. 19, 1974.

Habermas J. , *Théorie des kommunikativen Handelns.* Band 1 : *HandlungsrationalitSt und gesellschaftliche Rationalisierung.* Band 2 : *Zur Kritik der funktionalistischen Vernunft*, Suhrkamp, Frankfurt,1981.

Habermas J., *Faktizität und Geltung*, Frankfort, 1994, trad. fr. de Jürgen Habermas, *Droit et démocratie. Entre faits et normes*, Paris, Gallimard, 1997.

Hamnett I., « Introduction », in Hamnett I. (éd.), *Social Anthropology and Law*, Academic Press, New York, 1977.

Hart H.L.A., « American Jurisprudence through English Eyes: The Nightmare and the Noble Dream », in Georgia Law Review, vol. 11, 1977.

Hart H.L.A., *The Concept of Law*, Oxford University Press, Oxford, 1961.

Hauriou M., *Principes de droit public à l'usage des étudiants en licence (3e année) et en doctorat ès-sciences politiques*, 2e éd., Sirey, Paris, 1916, Introduction.

Hayek F.A., *Constituţia libertăţii*, Institutul European, Iaşi, 1993.

Herrera C.-H., « Quelques remarques à propos de la notion d'État de droit », in *L'Homme et la société*, no 113, 1994, *Figures actuelles du capitalisme.*

Heuschling L., *État de droit, Rechtsstaat, Rule of Law*, Dalloz, Paris, 2002.

Hobbes T., *Léviathan*, coll. Folio Essais, Gallimard, Paris, 2001.

Hoebel A., *The Law of Primitive Man*, Harvard University Press, Cambridge, 1954.

Hoppe H.H., The economics and ethics of private property, Ludwig von Mises Institute, Auburn, Alabama, 2006.

Hugo V., *Actes et paroles,* vol. 3, Albin Michel, Paris, 1876.

Hummel J., « État de droit, libéralisme et constitutionnalisme durant le Wörmarz », in Juanjan O. (coord.), *Figures de l'État de droit*, PUS, Strasbourg, 2001.

Hummel J., *Le constitutionnalisme allemand (1815-1918): le modèle allemand de la monarchie limitée*, PUF, Collection Léviathan, Paris, 2002.

Isidore de Seville, *Etymologies*, I, 21.

Jacobi D., *La communication scientifique; discours, figures, modèles*, Presses Universitaires de Grenoble (coll. Médias & sociétés), Grenoble, 1999.

Jacobi D., *De la recherche à la vulgarisation; itinéraires du texte scientifique*, Annales de l'Université de Besançon et les Belles Lettres, Paris, 1986.

Jaurès J., *Études socialistes*, Cahiers de la Quinzaine, Paris, 1901.

Jellinek G., *Allgemeine Staatslehre*, 2e éd., O. Häring, Berlin, 1905.

Jellinek G., *L 'État moderne et son droit*, Panthéon-Assas, Paris, 2004.

Jouanjan O. (coord.), *Figures de l'État de droit : le Rechtsstaat dans l'histoire intellectuelle et constitutionnelle de l'Allemagne*, Strasbourg, Presses Universitaires de Strasbourg, 2001.

Kant, *La critique de la raison pure*, Gallimard, Paris, 1968.

Kantorowicz E., *Les deux corps du Roi*, Gallimard, Paris,1989.

Kaufmann A., *Rechtsphilosophie*, C.H. Beck, München, 1997.

Kelsen H., « Gott und Staat » (1923), in Kelsen H., *Aufsätze zur Ideologiekritik*, Luchterhand, Berlin, 1964.

Kelsen H., « Justice et droit naturel », in *Droit naturel*, (œuvre collective, traduction E. Mazingue), PUF, Paris,1959.

Kelsen H., *Allgemeine Staatslehre*, Berlin, Springer, 1925.

Kelsen H., *La démocratie, sa nature, sa valeur*, Economica, Paris, 1989.

Kelsen H., *Reine Rechtslehre* (éd. de 1960), Wien, 1992.

Kelsen H., *Théorie générale du droit et de l'État*, LGDJ, Paris, 1997.

Kelsen H., *Théorie pure du droit* (1932), trad. de Charles Eisenmann, Dalloz, Paris, 1962.

Kelsen H., *Théorie pure du droit* (1960), 2e éd. (modifiée), Paris, Dalloz, 1962.

Kelsen H., *Théorie pure du droit*, Bruylant, LGDJ, Bruxelles, Paris,1999.

King M., « The Truth About Autopoiesis », in Journal of Law and Society, no 20, 1993.

Kleiber G., « Une métaphore qui ronronne n'est pas toujours un chat heureux », in Charbonnel N. & Kleiber G., *La métaphore entre philosophie et rhétorique*, PUF, Paris, 1999.

Klinkenberg J.-M., *Précis de sémiotique générale*, Seuil, Paris, 2000 [1996, De Boeck, Bruxelles].

Koellreutter O., « Der Nationalsozialistische Rechtsstaat », in *Grundlagen, Aufbau und Wirtschaftsordnung des nationalsozialistischen Staates*, vol. 1, Spaeth & Linde, Berlin -Wien, 1937.

Koellreutter O., *Grundriss der Allgemeinen Staatslehre*, Mohr, Tübingen,1933.

Laband P., *Droit public de l'Empire allemand*, trad. de C. Gandilhon, Imprimerie Bussière, Paris, 1901.

Lacan J., *Ecrits*, Seuil, Paris, 1966.

Lakoff G., Johnson M., *Les métaphores dans la vie quotidienne*, Éditions de Minuit, Paris, 1980.

(de) Lamennais F.R., *L'Avenir*, Paris, 1831.

Larroumet Ch. , Droit *civil*, tome 1, Économica, Paris, 1984.

Le Guern M., *Sémantique de la métaphore et de la métonymie*, Larousse, Paris, 1972.

Leader S., in Arnaud A.-J. (dir.), *Dictionnaire encyclopédique de théorie et de sociologie du droit*, Scientia, LGDJ, Paris, 1988.

Leben Ch., « Droit : quelque chose qui n'est pas étranger à la justice », in Droits, no 11/2, 1990.

Lefebvre G., *Etudes sur la Révolution française,* PUF, Paris, 1963.

Les stoïciens, trad. E. Brehier, Bibliothèque de la Pléiade, Gallimard, Paris, 1962.

Licitra A., « Métaphore et analogie. Cadre méthodologie et application au discours pédagogique en linguistique », in *Langage et société*, supplément au n° 5, *Rencontre annuelle. Documents préparatoires*, 1978.

Locke J., *Al Doilea Tratat Despre Cârmuire*, Nemira, Bucureşti,1999.

Locke J., *Traité du gouvernement civil*, traduction française de D. Mazel en 1795 de la 5e éd., publiée à Londres en 1738, http://classiques.uqac.ca/classiques/locke_john/traite_du_ gouvernement/traite_du_gouv_civil.pdf./ consulté le 26.11.2018.

Locke J., *Traité du gouvernement civil,* 2e éd., Garnier-Flammarion, Paris, 1992.

Loiselle M., « L'analyse du discours de la doctrine juridique : l'articulation des perspectives interne et externe », in CURAPP (éd.), *Les méthodes au concret. Démarches, formes de l'expérience et terrains d'investigation en science politique*, Paris, PUF, 2000.

Louis A.-A., « Le juridique des anthropologues », in *Droit et société*, n° 5, 1987, *Questions d'anthropologie.*

Machiavelli N., *Il Principe*, Einaudi, Torino, 1961.

Madame de Staël, *Considérations sur la Révolution française,* t. 2, Charpentier, Paris, 1817.

Malinowski E., *Crime and Custom in Savage Society*, Harcourt, Brace and Company, New York, 1926.

Malraux A., *L'Espoir,* Gallimard, Paris, 1937.

Manon S., « Droit naturel et droit positif », in *Droit et justice*, Chapitre XIX, 2008, PhiloLog, http://www.philolog.fr consulté le 26.11.2018.

Manon S., *Droit naturel et droit positif,* Cours de philosophie, 2008, http://www.philolog.fr/droit-naturel-et-droit-positif/ consulté le 24.11.2018.

Maritain J., *Primauté du spirituel*, Plon, Paris, 1927.

Matthieu D., « La notion de droit dans la théorie de l'agir communicationnel de Jürgen Habermas », in *Déviance et société*, Vol. 18, no 1, 1994.

Mauriac F., *Bâillon dénoué,* Grasset, Paris, 1945.

Maurois A., *Ariel,* Grasset, Paris,1923.

Mayer O., *Le droit administratif allemand*, (trad. française de l'auteur), vol. I, Giard et Brière, Paris, 1903.

Mazeaud H., Mazeaud J., Mazeaud L. , *Leçons de droit civil*, LGDJ, Paris, 2000.

Ménard L., *Rêveries d'un païen mystique,* Alphonse Lemerre, Paris, 1876.

Merkl A., « Idee und Gestalt des Rechtsstaates », in *Festschrift* für *Hans Kelsen zum 90. Geburtstag*, Franz Deuticke, Wien, 1971.

Merle J.-C. , « La conception du droit de Hermann Cohen et de Hans Kelsen », in Revue germanique internationale, http://rgi.revues.org/1095.

Miaille M., « Le retour de l'État de droit. Le débat en France », in D. Colas (dir.), *L'État de droit*, PUF, Paris, 1987.

Mihai Gh., Motica R.I., *Fundamentele dreptului, Teoria şi filosofia dreptului*, Editura All, Bucureşti, 1997.

Millard E., « Hauriou et la théorie de l'institution », in Droit et société, no 30/31, 1995.

Milner J.-C., « Lacan et la science moderne », in Actes du Colloque international Lacan avec les philosophes, organisé par le Collège International de Philosophie, UNESCO, Paris, 24-27 Mai 1990. Albin Michel, Paris, 1990.

Mockle D., « Le débat sur les principes et les fondements du droit administratif global », in Les Cahiers de droit, vol. 53, no 1, 2012.

Molinié G., *Éléments de stylistique française,* Paris, Presses Universitaires de France, Linguistique nouvelle, 1986.

Molino J., « Anthropologie et métaphore », in Langages, n° 54, Larousse, Paris, 1979.

Molino J., « Métaphores, modèles et analogies dans les sciences », in Langages, n° 54, Larousse, Paris, 1979.

(de) Montalembert Ch.F.R., *Ste Élisabeth,* De Bécourt, Paris, 1836.

Moore S.F., *Social Facts and Fabrications. « Customary » Law in Kilimandjaro 1880-1980*, Cambridge University Press, Cambridge,1981.

Moore S.F., *Law as Process: An Anthropological Approach*, Münster, Hambourg, 1978.

Moreas J., « Le Symbolisme », in Mitchel B. (éd.), *Manifestes littéraires de la Belle-Époque*, Seghers, Paris, 1966.

Moroianu E., *Teoria generală a dreptului, note de curs*, Tg-Jiu, 2003.

Mortara Garavelli B., *Le parole e la giustizia*, Einaudi, Torino, 2001.

Naschitz A., *Teorie şi tehnică în procesul de creare a dreptului*, Editura Academiei, Bucureşti, 1969.

Nederman C.J., « Body Politics : The Diversification of Organic Metaphors in the Later Middle Ages », in Il Pensiero politico medievale, no 2, 2004.

Nederman C.J., « The Physiological Significance of the Organic Metaphor in John of Salisbury's Policraticus », in History of Political Thought, vol. 8, no 2, 1987.

Nietzsche F., *Le livre du philosophe. Études théorétiques. Introduction théorétique sur la vérité et le mensonge au sens extra-moral*, Édition bilingue allemand-français, traduction par Angèle Kremer-Marietti, Aubier Flammarion, Paris,1969.

Niort J.-F., « La naissance du concept de droit social en France : une problématique de la liberté et de la solidarité », in Revue de la recherche juridique, *Droit prospectif*, no 3, 1994.

Ohnesorge J.K.M., « État de droit (rule of law) et développement économique. L'étrange discours des institutions financières internationales », in Critique internationale, vol. 18, no 1, 2003.

Oliveira I., « La métaphore terminologique sous un angle cognitif », in Meta: journal des traducteurs / Meta: Translators' Journal, vol. 50, n° 4, 2005.

Ost F., Van de Kerchove M., « De la "bipolarité des erreurs" ou de quelques paradigmes de la science du droit », in A.P.D., t. XXXIII, 1988.

Ost F., Van de Kerchove M., *Jalons pour une théorie critique du droit*, Publications des Facultés Universitaires Saint-Louis, Bruxelles, 1987.

Ost F., Van de Kerchove M., « De la scène au balcon. D'où vient la science du droit ? », in Chazel F., Commaille J. (dir.), *Normes juridiques et régulation sociale*, LGDJ, Paris, 1991.

Ouellet P., « La métaphore perceptive. Eidétique et figurativité », in Langages, 34e année, n°137, *Sémiotique du discours et tensions rhétoriques*, 2000.

Pantea O., *Note de curs Teoria generală a dreptului (Ciclul I)* Ministerul Educaţiei al Republicii Moldova, Universitatea de Studii Europene din Moldova, Facultatea de Drept, http://www.usem.md/uploads/files/Note_de_curs_drept_ciclul_1/001_-_Teoria_general%C4%83_a_dreptului.pdf/ ; http://www.cours-de-droit.net/la-finalite-le-but-du-droit-a121605834/ ; http://www.etudier.com/dissertations/R%C3%A8gle-De-Droit-Et-R%C3%A8gle-Morale/85502.html/ consulté le 26.11.2018.

Parel A.J., *The Machiavellian Cosmos*, Yale University Press, New Haven-London, 1992.

Pareto V., *Traité de sociologie générale,* Droz, Paris-Genève, 1968.

Perelman Ch., « La réforme de l'enseignement du droit et la "nouvelle rhétorique" », in *Archives de philosophie du droit*, no 20, 1975.

Perrin C.S., *Les métaphores comme sources de vérités*, Eclipse, 2014, http://www.eris-perrin.net/article-les-metaphores-comme-sources-de-verites-106452703.html/

Petit manuel du Conseil de l'Europe, Direction de l'Information du Conseil de l'Europe, Strasbourg,1951.

Pfersmann O., « Prolégomènes pour une théorie normativiste de "l'État de droit" », in Ius Gentium. Curitiba, vol. 7, no 1, jan./jun. 2016.

Popa N., Dănişor GH., Dogaru I., Dănişor D.C., *Filosofia dreptului. Marile curente*, ed. a 3-a, C.H. Beck, Bucureşti, 2010.

Popa N., Eremia M.C., Cristea S., *Teoria generală a dreptului*, Editura All Beck, Bucureşti, 2003.

Popescu S., *Teoria generală a dreptului*, Editura Lumina Lex, Bucureşti, 2000.

Pospisil L., *Anthropology of Law : A Comparative Theory*, Harper & Row, New York, 1971.

Poulantzas N., *L'État, le pouvoir, le socialisme*, PUF, Paris, 1978.

Pound R., « La place et la finalité de la théorie du droit sociologique », (1911) (trad. de Françoise Michaud), Clio@Thémis, Revue électronique d'histoire du droit, n° 6, 2013.

Pound R., *Social Control Through Law*, Yale University Press, New Haven, Conn., 1942.

Prandi M., « A Plea for Living Metaphors: Conflictual Metaphors and Metaphorical Swarms », in Metaphor and Symbol, vol. 27, no 2, 2012.

Prandi M., *Grammaire philosophique des tropes*, Les Editions de Minuit, Paris, 1993.

Radbruch G., « Rechtsphilosophie (1932) », in *Gesamtausgabe* vol. II, C.F. Müller Juristischer Verlag, Heidelberg, 1993.

Radcliffe-Brown A.R. (1924-1949), *Structure et fonction dans la société primitive* (trad. de Françoise et Louis Martin, présentation et notes de Louis Martin), Collection « Points Sciences humaines », Paris, Éditions de Minuit, no 37, 1972.

Rand A., *Atlas Shrugged*, 1957, (traduction de Sophie Bastide-Foltz), Les Belles Lettres, Fondation Andrew Lessman, Paris, 2013.

Raucet L., *Pour une théorie critique du droit*, Duculot, Gembloux, 1975.

Raz J., « The Rule of law and its Virtute », in Law Quarterly Review, 1977.

Redor M.-J., *De l'État légal à l'État de droit : l'évolution des conceptions de la doctrine publiciste française*, Economica, Paris,1992.

Reverdy P., *Pensées sur la poésie*, Gallimard, Paris, 1949.

Rheinstein M., Weber M., *Law in Economy and Society*, Simon and Schuster, New York, 1954.

Riffaterre M., « La métaphore filée dans la poésie surréaliste », in Langue Française, n° 3, 1969.

Rigaud F., *Introduction à la science du droit*, Vie ouvrière, Bruxelles, 1974.

Rivero J., *L'État moderne peut-il être encore un État de droit?* http://local.droit.ulg.ac.be/sa/rfd/doc/1957_Rivero.pdf/ consulté le 16.09.2018.

Rolland R., *Jean-Christophe. Le* buisson *ardent*, Albin Michel, Paris, 1911.

Rossi M., *Terminologies et comparaison interculturelle : évolutions de quelques métaphores conceptuelles dans le domaine du droit de la famille*, Lingua e Diritto. La Lingua della Legge, la Legge nella Lingua, Publifarum, no 18, publié le 13/03/2013, url: http://publifarum.farum.it/ezine_articles.php?id=255/ consulté le 26 octobre 2018.

Rothbard M., *L'Éthique de la Liberté*, Les Belles Lettres, Paris, 1982.

Rousseau D., « Mon plaidoyer pour l'État de droit », in Tribune, Libération, 17 août 2017, http://www.liberation.fr/debats/2016/08/17/mon-plaidoyer-pour-l-etat-de-droit_1473037/ consulté le 16.09.2018.

Rousseau J.-J., *Du contrat social*, I, Genève, 1780-1789, https://www.rousseauonline.ch/ pdf/rousseauonline-0004.pdf

(de) Saint-Exupéry A., *Pilote de guerre,* Gallimard, Paris, 1942.

Saint Paul, Fides et Ratio, cité par Sériaux A., *Loi naturelle, droit naturel, droit positif selon le catholicisme*, http://www.reseau-regain.net/PhiloPolitiquePDF_file/PhiloPolitiquePDF_files/3Ca23-LoiNaturelleCatho.pdf/ , consulté le 28/03/2014.

Sarraute N., *L'Ère du soupçon. Essais sur le roman,* Gallimard, Paris, 1956.

Sasso G., *Machiavelli* e gli antichi e altri saggi, Ricciardi, Milano-Napoli,1987.

Schonberger C., « État de droit et État conservateur: Friedrich Julius Stahl », in Jouanjan O. (coord.), *Figures de l'État de droit : le Rechtsstaat dans l'histoire intellectuelle et constitutionnelle de l'Allemagne*, Strasbourg, Presses Universitaires de Strasbourg, 2001.

Scur E., *Law and Society : A Sociological View*, Random House, New York,1968.

Selznick P., « The Sociology of Law », in International Encyclopedia of the Social Sciences, vol. 51, no 9, 1968.

Selznick P., *Law, Society and Industrial Justice*, Russell Sage Foundation, New York, 1969.

Shibles W.A., *Metaphor: an annotated bibliography and history*, The Language Press, Whitewater, Wisconsin, 1971.

Sobota K., in *Das Prinzip Rechtsstaat. Verfassungs-und Verwaltungs-richtliche Aspekte*, Mohr, Tübingen, 1997.

Soublin F., Tamine J., « Limites de la caractérisation syntaxique des métaphores », in Analyse et validation dans l'étude des données textuelles, Editions du CNRS, 1977.

Stahl F.-J., *Philosophie des Rechts*, J.C.B. Mohr, Tübingen et Leipzig, 1859.

Starck B., Roland H., Boyer L., Introduction au droit, 4e éd., Litec, Paris, 1996.

Statul de drept. Un manual pentru politicieni, publié par l'Institut Raoul Wallenberg pour les droits de l'homme et le droit humanitaire, l'Institut de La Haye pour l'internationalisation du droit, 2012.

Stern K., *Staatrecht der BRD*, 2e éd., C.H. Beck, München, 1984, vol. I.

Strauss L., *Droit Naturel et Histoire*, Flammarion, Paris, 1953.

Tamanaha B., « The Folly of the 'Social Scientific' Concept of Legal Pluralism », in Journal of Law and Society, vol. 20, no 2, 1993.

Timsit G., « La métaphore dans le discours juridique », in Revue européenne des sciences sociales, XXXVIII-117/2000.

Tort P., « D'une interférence native : métaphore et métonymie dans la genèse de l'acte classificatoire », in Charbonnel N. et Kleiber G., *La métaphore entre philosophie et rhétorique*, PUF, Paris, 1999.

Troper M., « La théorie dans l'enseignement du droit constitutionnel », in R.D.P., no 2 , 1984.

Troper M., « Le concept d'État de droit », in Droits, no 15, 1992.

Troper M., « Le monopole de la contrainte légitime - Légitimité et légalité dans l'État moderne », in Ligne, no 25, 1995.

Troper M., « Le titulaire de la souveraineté », in Troper M., *La théorie du droit, le droit, l'État*, PUF, 2001.

Troper M., « Sur la théorie juridique de l'État », in Le Débat, vol. 74, no 2, mars-avril 1993.

Troper M., *La démocratie comme État de droit*, http://www.unesco.chairephilo.uqam.ca/textes/michel_troper.htm/ consulté le 16.09.2018.

Troper M., *Pour une théorie juridique de l'État*, PUF, Paris, 1994.

Valéry P., *Regards sur le monde actuel*, Gallimard, Paris, 1962.

Vedel G., *Manuel élémentaire de Droit constitutionnel,* Sirey, Paris, 1949.

Vida I., *Teoria generală a dreptului*, support de cours, École nationale d'études politiques et administratives, Faculté d'Administration publique, Bucureşti, https://www.scribd.com/document/118232084/Suport-de-Curs-Ioan-Vida-TGD consulté le 26.11.2018.

(de) Vigny A., *Journal d'un poète,* Gallimard, Paris,1850.

Virally M., *La pensée juridique*, LGDJ, Paris, 1960.

Von Ihering R., *L'évolution du droit*, traduit sur la 3e édition allemande par O. de Meulenaere (1901), Hachette livre BNF, Paris, 2014.

Von Mohl R., *Die Polizei-Wissenschafi nach den Grundsâtzen des Rechtsstaates* (1832), H. Laupp, Tübingen, 3e éd., 1866, vol. I.

Von Stein L., *Die Verwaltungslehre*, t. 1, Cotta, Stuttgart, 1865.

Wade E.C.S., Phillips G., *Constitutional Law*, 8e éd., Longman, London, 1970.

Weber M., *Économie et Société*, t. 1, trad. franc. partielle de Weber, Plon, Paris, 1971.

Weber M., *La sociologie du droit*, Dalloz-Sirey, coll. « L'esprit du droit », Paris, 2006.

Weill A., Terré F., *Droit civil. Introduction générale*, Dalloz, Paris, 1979.

Zanzi L., I « segni » della natura e i « paradigmi » della storia : il metodo del Machiavelli. Ricerche sulla logica scientifica degli « umanisti » tra medicina e storiografia, Lacaita, Manduria,1981.

Ziegert K., « A Sociologist's View », in Kamenka E. et Erh-Soon Tay A. (éds.), *Law and Social Control*, Edward Arnold, London,1980.

Zimmer W., « Une conception organiciste de l'État de droit: Otto Bähr et Otto von Gierke », in Jouanjan O. (coord.), *Figures de l'État de droit: le Rechtsstaat dans l'histoire intellectuelle et constitutionnelle de l'Allemagne*, Strasbourg, Presses Universitaires de Strasbourg, 2001.

Zumthor P., *Le masque et la lumière*, Seuil, Paris, 1978.

TABLE DES MATIÈRES

Structures éditoriales du groupe L'Harmattan

L'Harmattan Italie
Via degli Artisti, 15
10124 Torino
harmattan.italia@gmail.com

L'Harmattan Hongrie
Kossuth l. u. 14-16.
1053 Budapest
harmattan@harmattan.hu

L'Harmattan Sénégal
10 VDN en face Mermoz
BP 45034 Dakar-Fann
senharmattan@gmail.com

L'Harmattan Cameroun
TSINGA/FECAFOOT
BP 11486 Yaoundé
inkoukam@gmail.com

L'Harmattan Burkina Faso
Achille Somé – tengnule@hotmail.fr

L'Harmattan Guinée
Almamya, rue KA 028 OKB Agency
BP 3470 Conakry
harmattanguinee@yahoo.fr

L'Harmattan RDC
185, avenue Nyangwe
Commune de Lingwala – Kinshasa
matangilamusadila@yahoo.fr

L'Harmattan Congo
219, avenue Nelson Mandela
BP 2874 Brazzaville
harmattan.congo@yahoo.fr

L'Harmattan Mali
ACI 2000 - Immeuble Mgr Jean Marie Cisse
Bureau 10
BP 145 Bamako-Mali
mali@harmattan.fr

L'Harmattan Togo
Djidjole – Lomé
Maison Amela
face EPP BATOME
ddamela@aol.com

L'Harmattan Côte d'Ivoire
Résidence Karl – Cité des Arts
Abidjan-Cocody
03 BP 1588 Abidjan
espace_harmattan.ci@hotmail.fr

Nos librairies en France

Librairie internationale
16, rue des Écoles
75005 Paris
librairie.internationale@harmattan.fr
01 40 46 79 11
www.librairieharmattan.com

Librairie des savoirs
21, rue des Écoles
75005 Paris
librairie.sh@harmattan.fr
01 46 34 13 71
www.librairieharmattansh.com

Librairie Le Lucernaire
53, rue Notre-Dame-des-Champs
75006 Paris
librairie@lucernaire.fr
01 42 22 67 13

www.ingramcontent.com/pod-product-compliance
Lightning Source LLC
LaVergne TN
LVHW051359061026
849535LV00009B/3267
9782140494208